PERSONNE
NE M'AURAIT CRU,
ALORS JE ME SUIS TU

Sam Braun

PERSONNE NE M'AURAIT CRU, ALORS JE ME SUIS TU

Entretien avec Stéphane Guinoiseau

ÉDITIONS FRANCE LOISIRS

Édition du Club France Loisirs,
avec l'autorisation des Éditions Albin Michel.

Éditions France Loisirs,
123, boulevard de Grenelle, Paris.
www.franceloisirs.com

Le Code de la propriété intellectuelle n'autorisant, aux termes des paragraphes 2 et 3 de l'article L. 122-5, d'une part, que les « copies ou reproductions strictement réservées à l'usage privé du copiste et non destinées à une utilisation collective » et, d'autre part, sous réserve du nom de l'auteur et de la source, que « les analyses et les courtes citations justifiées par le caractère critique, polémique, pédagogique, scientifique ou d'information », toute représentation ou reproduction intégrale ou partielle, faite sans le consentement de l'auteur ou de ses ayants droit ou ayants cause, est illicite (article L. 122-4). Cette représentation ou reproduction, par quelque procédé que ce soit, constituerait donc une contrefaçon sanctionnée par les articles L. 335-2 et suivants du Code de la propriété intellectuelle.

© Éditions Albin Michel, 2008
ISBN : 978-2-298-01869-1

*À toi Faivel, dit Félix, mon père,
mort gazé à Auschwitz à l'âge
de cinquante-trois ans
À toi Malka, dite Pauline, ma mère,
morte gazée à Auschwitz à l'âge
de quarante-cinq ans
À toi Monique, ma petite sœur,
morte gazée à Auschwitz à l'âge de onze ans
À vous les millions de juifs,
morts gazés à Auschwitz
et dans les autres camps d'extermination
À vous tous, victimes de l'intolérance, juifs
ou non-juifs, Français ou étrangers,
morts pour avoir cru qu'il suffit d'exister
pour avoir le droit de vivre en paix
Que ces réflexions soient votre linceul.*

« Témoigner, c'est raconter malgré tout
ce qu'il est impossible
de raconter tout à fait. »

G. Didi-Huberman,
Images malgré tout

Avant-propos

« On ne prépare pas l'avenir sans éclaircir le passé. »

Germaine Tillion,
À la recherche du vrai et du juste

En juillet 1945, un avion sanitaire de l'armée française se posa sur une piste du Bourget, au nord de Paris. Un petit nombre de rescapés des camps nazis débarqua, rapatriés depuis Prague. Après l'évacuation d'Auschwitz, le 17 janvier 1945, ils avaient parcouru, pendant cet hiver interminable, un long périple jalonné de cadavres, de souffrances et de crimes avant d'échouer dans la capitale tchèque. Pour retourner en France, ces survivants durent, pendant plusieurs semaines, se réhabituer à la nourriture et à la vie, soigner leurs blessures apparentes, tenter d'oublier l'odeur de cendres et de mort. Juillet 1945 donc : un jeune homme qui allait sur ses dix-huit ans retrouvait son pays. Arrêté à Clermont-Ferrand en novembre 1943, il avait été déporté à Auschwitz dès le mois de décembre, après un bref séjour à Drancy. Grâce aux incontournables travaux de Serge Klarsfeld[1], le bilan précis est aujourd'hui connu : sur les 76 000 juifs déportés de la France entre mars 1942 et août 1944, moins de 2 600 revinrent. Ce jeune homme en faisait partie mais son père, Faivel, sa mère, Malka, et sa petite sœur, Monique, âgée de onze ans en 1943, avaient disparu dans les chambres à gaz, dès leur arrivée à Auschwitz. De cette frêle silhouette, j'imagine le fragile regard lumineux, plein de larmes séchées en ce jour de retrou-

---

1. Voir notamment Serge Klarsfeld, *Vichy-Auschwitz. La « solution finale » et la question juive en France*, Fayard, 1983, 1985.

vailles estivales avec sa terre natale, j'imagine le cœur affolé de tristesse contenue et d'espérances nouvelles quand il parcourut le tarmac et puis la solitude, et puis le silence, bientôt scellé par l'indifférence ou la gêne. Ce jeune adulte, tôt blessé par les deuils imprévus et la lame des souvenirs les plus cruels, s'appelait Sam Braun.

Soixante ans plus tard, je le rencontrai au hasard d'une conférence dans l'établissement scolaire où j'enseigne. Lorsque Sam pénétra dans la bibliothèque où se donnait la conférence, l'assistance, quelque peu bruyante les minutes précédentes, se tut subitement et son sourire aimanta immédiatement les regards. Sobre et pudique, Sam Braun évoqua rapidement les circonstances de son arrestation, sa déportation, son séjour à Auschwitz puis il dialogua pendant deux heures avec un public de jeunes, captivés par sa vitalité, sa lucidité, son humanisme. Il fut question de tolérance, de pardon, d'hospitalité, d'antisémitisme, de racisme, de mémoire et d'oubli, de silence et d'histoire, et la qualité de l'écoute, ce jour-là, laissait percevoir les questionnements intimes et les réflexions nouvelles qui cheminaient au cœur de l'auditoire. L'intérêt éveillé n'allait pas retomber, comme le montreraient les questions et commentaires des adolescents dans les jours suivants. Je raccompagnai Sam jusqu'à sa voiture et lui proposai, ce jour-là, de recueillir son témoignage pour le publier, convaincu que cette parole devait s'inscrire et demeurer. Il accepta l'idée et nous organisâmes les rencontres, pendant une année. Je l'enregistrai et nous composâmes ensuite l'ouvrage qui va suivre. Jamais sa bienveillance, sa patience et sa générosité ne me firent défaut pendant ces heures d'entretien.

Un jour, alors que nos entretiens étaient entamés depuis quelques mois, il me montra trois cartons posés sur l'étagère de sa bibliothèque. Ils contenaient plusieurs milliers de lettres écrites par des adolescents à la suite de ses interventions... Il m'autorisa à y jeter un œil. Je fus impressionné par la force et la qualité de cette correspondance émouvante, sincère, intime. Je ne citerai qu'une seule lettre, écrite en 2005 :

« Cher Monsieur Braun,

Je tenais absolument à vous écrire afin de vous remercier d'être venu le 2 mai 2005 au lycée C., dans le cadre de notre cours de philosophie avec Monsieur T.

Un grand merci pour m'avoir fait passer les deux heures les plus belles et les plus émouvantes de ma vie au lycée. Je n'aurais jamais pu croire que votre venue m'aurait tant touchée. Votre témoignage a été si poignant qu'il me semblait ressentir tous les événements que vous nous relatiez ; bien des fois, j'avais les yeux embués. J'ai été très honorée de faire votre connaissance et de vous serrer la main à la fin de votre témoignage.

Je suis sortie toute bouleversée de ces deux heures ; vous m'avez permis de plus relativiser et j'ai parlé de ces deux heures à tout mon entourage.

J'ai remercié et je remercierai toujours Monsieur T. de m'avoir permis de vous rencontrer.

Je vous remercie infiniment.
Mes sincères salutations,

Yasmina, élève de terminale 3. »

La Shoah appartient au passé mais elle est aussi le fondement toujours présent de nos interrogations contemporaines : ces années si lointaines et si proches jettent une ombre incontournable sur notre modernité. Face au cynisme et au vide, l'humanisme proposé et incarné par Sam Braun parie sur l'intelligence des hommes et sur leur éducation possible. Il interroge la « banalité du mal » et le parcours des Justes pour réaffirmer la confiance en l'humanité. Après et malgré Auschwitz.

S.G.

I

De Clermont à Drancy

« L'angoisse née de toutes les mesures racistes prises de jour en jour, depuis des mois et des mois, par le gouvernement de la France occupée, pesait lourdement sur chacun.

Enfants, nous ressentions cependant peu ces événements tragiques, protégés comme nous l'étions par le rempart familial sur lequel les vagues de nouvelles alarmantes se brisaient sans nous atteindre. »

Jean-Claude Moscovici,
Voyage à Pitchipoï

Stéphane Guinoiseau : Sam, vous avez été arrêté en France en novembre 1943 avec plusieurs membres de votre famille parce que vous étiez juif. Vous étiez alors âgé de seize ans. Vous êtes ensuite conduit à Drancy, le camp d'internement de la région parisienne. Le 7 décembre 1943, vous partez en train pour Auschwitz par le convoi nº 64. Votre petite sœur, votre père et votre mère ne sont pas revenus. Avant de relater précisément ces événements, j'aimerais, dans ce premier entretien, que nous évoquions votre enfance, votre famille et votre perception, à cette époque, du contexte historique. Pouvez-vous, pour commencer, nous parler de vos parents ? Où sont-ils nés ?

Sam Braun : Ma mère est née à Kichinev, ville russe à l'époque et actuelle capitale de la Moldavie. Elle a quitté Kichinev avec ses parents, son frère et sa sœur, après les événements terribles qui se déroulèrent dans cette ville en avril 1903. Un pogrom effroyable fut déclenché après un fait divers et des rumeurs soigneusement orientées. Quand j'étais encore jeune, j'ai entendu ma mère raconter que les juifs étaient poursuivis et massacrés dans leurs maisons. Des cosaques plantaient leurs épées dans les yeux des juifs, après les avoir jetés sur le sol, me racontait-elle. Ma mère avait conservé cette image. Elle n'avait que cinq ans. Cette évocation me glaçait d'effroi mais j'avais aussi l'impression que ce qu'elle me racontait alors était irréel : c'était tellement étranger à ma vie quotidienne.

Vous imaginez le traumatisme pour une petite fille ! Quel destin : commencer quasiment son existence en vivant des scènes d'une telle sauvagerie, et la terminer à quarante-cinq ans dans une chambre à gaz, comble de la barbarie !

Ma mère est ensuite venue en France avec ses parents.

Mon père, lui, est né en Pologne, dans un village où je me suis rendu, il y a cinq ou six ans. Ce village s'appelle Novy-Dvor, ce qui signifie, je crois, en polonais, « nouvelle ville ». Il s'agit en fait d'une bourgade assez triste avec des masures simples, couvertes de toits en tôle ondulée. Lorsque je suis allé faire ce pèlerinage sur le lieu de naissance de mon père, il m'est arrivé un incident très étrange...

Pouvez-vous nous le raconter ?

Oui. Je suis allé dans ce village avec un ami. Ce devait être en l'an 2000. J'étais alors président d'une association française qui lutte contre tous les extrémismes, le Cercle Mémoire et Vigilance, et nous avions décidé de créer en Pologne une association semblable à la nôtre.

Un ami français installé à Varsovie nous a servi de chauffeur. Un autre de mes amis, Krzysztof W., professeur émérite à la faculté de Varsovie, était notre interprète. Avec un troisième ami d'origine roumaine, nous sommes allés à Novy-Dvor, situé à environ soixante kilomètres de Varsovie. Nous y arrivons tant bien que mal, après quelques déboires d'itinéraire. Il pleuvait, le ciel était triste. Mon ami Krzysztof demande aux premiers passants, habitants du village, s'il reste des familles juives, une synagogue ou quelques signes de l'existence passée de cette communauté. « Non, lui est-il répondu, il ne reste plus rien. »

Puis il se renseigne auprès d'un policier. On apprend qu'il reste un cimetière juif. L'homme lui explique qu'il faut poursuivre la route principale, traverser la voie ferrée qui passe au milieu du village, prendre à gauche un chemin de terre : nous déboucherons alors sur le cimetière.

L'ami qui nous conduit, au lieu de traverser la voie ferrée, se trompe et prend un chemin de terre sur la gauche. On apercevait en effet des tombes un peu plus loin. Nous nous approchons, la voiture s'enlise. La pluie inondait tout le paysage, il y avait une gadoue épouvantable. Nous sortons de la voiture et nous nous approchons du cimetière en pataugeant dans la boue. J'aperçois alors des croix au-dessus des stèles et dis à mes amis que ce ne pouvait pas être le cimetière juif puisque les juifs n'étaient pas enterrés dans des cimetières chrétiens. C'était interdit par les lois religieuses juives et les chrétiens polonais ne voulaient pas de juifs dans leurs cimetières.

Alors que je regardais ce cimetière et ces croix, un jeune homme traverse la voie ferrée. Mon ami Krzysztof lui demande où est le cimetière juif. Le jeune nous montre alors, de l'autre côté de la voie ferrée, un tertre long de cent mètres à peu près, légèrement surélevé, deux, trois mètres. En effet, il me semblait voir une pierre tombale. Je regarde ce cimetière quasiment labouré, comme si les Polonais, les nazis ou les deux réunis avaient même tué les morts, dans cette bourgade de Pologne, en détruisant jusqu'à leur souvenir ! Précisément à ce moment-là, alors que je regardais, triste et atterré, le lieu où devraient reposer en paix mes ancêtres paternels, passe un train masquant à ma vue ce qui restait du cimetière. Ce train était composé de wagons à bestiaux semblables à ceux qui m'avaient amené à Auschwitz !

C'est tellement incroyable cette coïncidence que ce ne pouvait pas être une simple coïncidence ! J'étais médusé, sidéré et d'une tristesse infinie, j'étais en larmes. J'avais l'impression, à travers ce train qui passait, que mon père me soufflait : « Allez, Sam, maintenant ça suffit, tu as fait le tour, tu es revenu au point de départ. Maintenant, arrête, la boucle est bouclée ! »

Vous imaginez facilement l'état dans lequel j'étais alors que résonnait en moi la voix de mon père !

Après cette épreuve, nous avons tout de même atteint le cimetière juif. C'était un endroit désolé, oublié de tous, où ne subsistaient que deux stèles misérables et esseulées. L'une plantée dans le sol, toute droite, sur laquelle on pouvait deviner, gravées grossièrement, quelques lettres hébraïques. L'autre gisait, renversée sur le sol, oubliée du temps et des hommes.

Ces deux stèles sont toute la mémoire des juifs de ce village, elles sont tout ce qui reste de mes ancêtres paternels ! Un no man's land, quelques vestiges enfouis et dérisoires, balayés par le vent et l'indifférence.

J'ai sur mon bureau, comme des reliques, deux petites pierres que mon ami a ramassées et glissées discrètement dans ma poche de pardessus.

Quant à Kichinev, je n'y suis jamais allé.

Votre père est d'origine polonaise, votre mère d'origine russe. Pourquoi choisissent-ils, d'après vous, de venir s'installer en France ?

Mon père avait une grande admiration pour la France. Il y est arrivé avant la Première Guerre mondiale qu'il a faite dans les rangs des Français, volontairement, puisqu'il était encore étranger.

Je dis toujours, en parlant de mon père, qu'il avait une telle fascination pour la France qu'il avait sûrement le sentiment que ses ancêtres avaient bâti Versailles ! Tous les livres reliés que vous voyez sur ces étagères ont appartenu à mon père et je peux vous affirmer qu'il les a lus. Il ne les a pas achetés au mètre linéaire, comme certains achètent des bibliothèques ! Il a lu Victor Hugo, il a lu Émile Zola, il a lu Voltaire, il a lu les classiques bien qu'il ne parlât probablement pas parfaitement le français lorsqu'il est arrivé en France. Il avait, de plus, un sentiment républicain très profondément enraciné en lui, et notre pays était devenu sa patrie, bien plus que sa Pologne natale.

Les communautés juives, à cette époque, dans les pays de l'Est européen, vivaient complètement isolées de la nation dans laquelle elles étaient « hébergées ». En Pologne et dans une grande partie de l'Europe de l'Est, ce n'était pas rose tous les jours pour les juifs. Dans certaines régions ils n'étaient pas acceptés dans les villes. Ils venaient parfois y travailler mais devaient résider dans certains villages réservés à la population juive, les shtetels.

Vos parents se sont connus en France ?

Oui, ils se sont mariés en 1920, le 23 janvier, à la mairie du 11ᵉ arrondissement de Paris et ont été naturalisés tous les deux ensemble en 1924.

Ils se sont installés à Paris ?

À Montreuil, près de Paris, je crois, mais je n'en suis pas sûr.

Vous êtes né à Paris. Avez-vous gardé des souvenirs de cette époque ?

Je suis effectivement né à Paris en 1927, je suis un vieil homme maintenant ! Nous avons quitté Paris pour Clermont-Ferrand avant la guerre, en 1937 ou 1938, je ne sais plus très bien. Je faisais partie des louveteaux à l'époque, les plus jeunes des Éclaireurs israélites de France. J'allais à l'école communale rue Boileau.

J'ai poursuivi rue La Fontaine dans le 16e avant d'aller rue Falguière dans le 15e. Un établissement scolaire qui existe toujours avec son école de garçons d'un côté et son école de filles de l'autre. La mixité de l'école publique n'existait pas encore à l'époque. Mes souvenirs d'enfant sont des souvenirs heureux...

Vos souvenirs les plus anciens sont des souvenirs parisiens ?

Oui, ils sont parisiens. Mais quels sont mes souvenirs les plus anciens ? C'est difficile à dire... j'ai comme des flashs, comme des photos, figées. Je vois quelques images assez précises : nous partions avec mes parents, en vacances, à Saint-Aubin, en Normandie, et je possède encore des photos du temps où j'étais tout petit. J'avais un maillot de bain en laine, rouge foncé, que maman m'avait tricoté. Il me piquait horriblement, me grattait. J'avais beau me plaindre et lui dire que ça me piquait, je devais le mettre quand même.

Maman croyait que je jouais une espèce de comédie et que je n'aimais tout simplement pas ce maillot !

Je me souviens de Guignol. Le petit théâtre s'installait sur la plage et les enfants étaient assis en rond sur le sable. Je me souviens que nous avions loué une cabine de bain comme on en louait dans le temps. Ces cabines de bain construites en bois avaient des roues en bois également, et des hommes, on dirait aujourd'hui des plagistes, avec des chevaux, descendaient les cabines à marée basse et les remontaient à marée haute. C'était extraordinaire et nous enfants, nous nous amusions, sitôt que la cabine avait trouvé sa place, à ensevelir les grandes roues sous le sable. Je possède quelques photos un peu jaunies de cette période-là. Lorsque je les regarde, j'ai la sensation de voir un autre temps, un temps lointain qui ne me concerne pas, un temps indéfinissable alors que ma vie m'a semblé si courte ! J'ai l'impression que le petit enfant, sur cette plage, est un autre que moi-même.

Des images de ma vie scolaire, de ma vie de louveteau, des images très vives me reviennent encore. Elles sont toujours présentes. Je me souviens d'un instituteur, un maître comme on les appelait à l'époque, qui ne m'aimait pas du tout. Était-il antisémite ? Je ne sais pas mais ce dont je me souviens, c'est que sous le seul prétexte que j'avais de l'encre violette sur les doigts, il m'a laissé toute une matinée, sur son estrade, à genoux sur une règle métallique !

Quelle était l'activité de vos parents dans les années qui précèdent la guerre ?

Comme tous ceux qui n'avaient pas fait d'études, mon père était « négociant », comme on disait à l'époque.

Il faisait du commerce et je crois qu'il ne le faisait pas bien, car après un premier magasin au Village suisse, dont le site appartenait, je crois, aux Rothschild, il avait monté une assez grosse affaire à Paris, rue de Rennes, et il a fait faillite. Il devait être un peu comme moi : les affaires, ce n'était pas son truc ! À la suite de ses difficultés, nous sommes venus à Clermont-Ferrand où il avait l'opportunité d'ouvrir un magasin. Celui-là marchait assez bien, le peu de temps qu'il a fonctionné, puisque la guerre est venue tout bouleverser.

Avez-vous gardé des souvenirs précis de cette époque à Clermont-Ferrand ?

Oh oui !

Était-ce une ville que vous aimiez ?

Je ne peux pas dire cela. Un jeune actuellement peut sortir, souvent tout seul, errer un peu dans les rues qui lui deviennent familières. Il peut faire quasiment corps avec sa ville. À l'époque, c'était différent, du moins dans ma famille. Nous étions assez tenus. Mon papa était plutôt exigeant, sévère parfois. Ai-je eu avec cette ville-là, à ce moment-là, avant mon arrestation, des relations très intimes, je ne peux pas dire cela. Par contre, je me souviens des amis du lycée Blaise-Pascal, jusqu'en première, amis que j'ai revus par la suite.

Comment qualifieriez-vous les relations que vous aviez avec vos parents à l'époque ?

Extraordinaires ! Mais en les replaçant dans le cadre de l'époque ! J'avais des parents merveilleux, des parents très aimants, pour lesquels la famille était très importante. Je crois que papa donnait quelquefois des coups de canif à son contrat de mariage, mais jamais il n'aurait mis sa famille en péril. Il aimait beaucoup ma mère, comme il nous aimait tous les quatre. C'était un peu surréaliste, mon père se croyait encore au XVIIIe siècle, quand les gens avaient des liaisons et ne considéraient pas cela comme très important. Et puis, il était si élégant et avait un tel charme...

Votre adolescence était assez protégée ?

Totalement ! J'étais materné par une mère qui était une mère juive absolument extraordinaire. Il y a deux types de mères juives. La mère juive envahissante, possessive, apparemment convaincue qu'elle a conçu ses enfants pour elle. Ces mères m'ont toujours donné l'impression qu'elles avaient eu des enfants pour en faire des espèces d'automates tout à leur dévotion.

Maman, ce n'était pas cela du tout ! Elle appartenait au deuxième type de mère juive, délicieuse, très douce, très affectueuse, très aimante ! Peut-être qu'avec le recul, je l'idéalise un peu, mais je ne crois pas beaucoup me tromper.

Mon père aussi était très affectueux, mais avec plus de dureté, de sévérité parce que l'éducation était plus rigide à l'époque. À table, nous n'avions pas le droit de demander ce dont nous avions envie ou simplement besoin. Nous n'avions pas le droit de parler. Quand on mettait un coude sur la table, mon père prenait son couteau, avec la lame dans la main évidemment, et avec le manche, paf ! il nous tapait sur le coude. Ça fait très mal ! Pour nous apprendre à ne pas mettre le coude sur la table, car c'était mal se tenir.

Cette éducation-là, je ne l'ai pas donnée à mes enfants. Ils pouvaient évidemment parler à table. Ils avaient même parfois tendance à parler un peu trop !

Dans votre famille, le fait d'être juif correspondait-il à une pratique religieuse, à une culture particulière ? Est-ce que vous aviez le sentiment d'avoir, à cette époque, une culture juive ?

Vous me posez plusieurs questions à la fois ! J'avais le sentiment d'appartenir à quelque chose qu'on appelait le judaïsme mais je ne savais pas exactement ce que cela représentait. Je ne me souviens pas d'être entré une seule fois dans une synagogue avec mes parents. Peut-être y suis-je allé, pour un mariage ou une autre cérémonie..., mais je n'en suis pas sûr, je ne m'en souviens pas.

Mon père, extrêmement libéral au vrai sens du terme, n'était pas pratiquant et nous ne suivions pas de rites religieux. Un des frères de mon père, David, était rabbin. Il a dû couper toutes les petites quéquettes de la rive droite de Paris. Il était très connu dans le milieu juif. C'était un être merveilleux, très cultivé, je l'aimais beaucoup. Quand mon père allait voir son frère, il y allait avec un sandwich, mais pas n'importe lequel, c'était un sandwich au jambon ! Uniquement pour l'énerver, gentiment, bien sûr, parce qu'ils s'adoraient tous les deux.

Il y avait tout de même un sentiment communautaire ?

Il y avait probablement un sentiment communautaire, puisque beaucoup d'amis de mes parents étaient juifs. Si j'avais le sentiment d'être juif sans savoir exactement ce que c'était, ce n'est pas par hasard !

Ensuite, bien après la Libération et mon retour en France, j'ai vécu mon judaïsme comme une culture, non comme une religion. Je ne crois pas en Dieu, à ce Dieu qui nous demanderait d'observer des rituels, somme toute païens, puisqu'ils sont d'ordre matériel. Je ne peux pas croire à un Dieu que je m'imagine tapi derrière les nuages, les écartant une fois par siècle pour voir ses créatures et les refermant très vite pour ne pas en voir davantage tellement celles-ci pourraient le décevoir ! Comment s'identifier à une culture sans croire en Dieu, alors que l'existence de Dieu est au centre même de cette culture ? Si dans mon esprit actuel ce concept est très clair, à seize ans ce n'était pas évident. J'étais juif, un point c'est tout.

Mon père m'a apporté beaucoup plus que des croyances religieuses : il m'a appris l'amour de l'autre sans en attendre de récompense. Il m'a ouvert les yeux sur le rejet de toute forme de violence et le désir de lutter contre toutes les morts injustes.

Dans ma famille, était par exemple interdit tout ce qui pouvait, même pour jouer, donner la mort. Nous n'avions ni soldats de plomb ni revolvers pour jouer comme ont souvent les enfants. Je me souviens d'un incident qui m'a beaucoup marqué. Revenant d'une fête de Noël donnée à l'école de la rue Falguière, je suis passé voir mon père à son magasin rue de Rennes avec un revolver qui tirait des flèches... des flèches en bois avec un caoutchouc au bout. Mon père est entré dans une fureur épouvantable, alors que moi j'étais fier de ce jouet gagné à l'arbre de Noël de l'école. Pour moi, ce revolver était un véritable trophée !

Il était furibond tellement il refusait de voir son fils avec ce qui pouvait donner la mort, même si elle n'était que symbolique. Cette éducation est restée tellement enracinée en moi que je suis ennemi de toute violence et grand admirateur du

Mahatma Gandhi et du pasteur Martin Luther King.

Vous êtes donc à Clermont-Ferrand quand la guerre est déclarée. Que saviez-vous de la guerre à cette époque-là ? Suiviez-vous les événements attentivement ou étiez-vous davantage absorbé par vos études ?

J'avais douze ans et avoir douze ans à l'époque n'avait aucun rapport avec la maturité des adolescents actuels. Je me souviens de mon père, penché sur son poste de TSF, qui écoutait les informations. Je me souviens qu'il parlait de la ligne Maginot : pour moi, c'était abstrait. Nous sommes partis en vacances, c'était peut-être juste avant la guerre, près de Riom-ès-Montagnes et j'avais vu passer des camions avec des réfugiés espagnols. J'étais très impressionné par ces gens qui nous demandaient à manger dans une langue que je ne comprenais pas. Ces hommes hagards avec des femmes et des enfants, dans des camions bâchés, je les revois encore et ressens toujours cette angoisse qui m'a saisi à l'époque devant leurs regards d'hommes traqués. Était-ce une prémonition de ce que j'allais moi-même vivre quelques années plus tard ?

Je me souviens de mon père penché au-dessus de son poste, de ses réflexions sur ce qu'il entendait à la radio, en particulier de messages comme « Nos armées ont reculé sur une position préparée à l'avance ». C'était un peu la litanie de l'époque. Pour ne pas faire perdre l'espoir à ceux qui étaient à l'arrière. Mon père était très attristé par cette débâcle si rapide de la France.

Puis, très vite, Pétain s'est autoproclamé le « sauveur de la France ». Il faisait distribuer des pastilles vitaminées de couleur rose à tous ceux qui chantaient bien *Maréchal, nous voilà*, dans la cour du lycée Blaise-Pascal (à l'époque on était au lycée à partir de la sixième). On chantait le matin cet hymne à sa gloire et on nous donnait à sucer ces espèces de bonbons qui avaient un goût acidulé assez agréable...

Que saviez-vous alors du régime de Vichy et quels étaient vos sentiments ? Y avait-il une crainte particulière liée à ce régime ?

Non, pas tellement, du moins en ce qui me concerne. Mes relations avec mes amis, qui savaient que j'étais juif, n'ont pas changé. Au lycée, je n'ai jamais entendu, jamais, la moindre réflexion antisémite, venant de mes amis ou de mes professeurs. Il y avait même une femme, professeur de mathématiques, dont j'étais d'ailleurs assez amoureux (c'est pour cela que j'étais toujours premier en maths !) qui avait proposé à mon père de lui confier ses deux plus jeunes enfants : ma petite sœur et moi.

Aviez-vous tout de même entendu parler de mesures antisémites ?

Pas du tout. Je vivais dans une bulle.

Vous ne saviez rien de la rafle du Vél' d'Hiv' en juillet 42, ou des rafles d'août 42 ?

Je n'étais au courant de rien. Mais n'oublions pas que j'étais à Clermont-Ferrand, dans la zone dite libre et non à Paris, au cœur même des rafles. En revanche, j'avais appris l'arrestation d'étudiants de la faculté de Strasbourg repliée à Clermont-Ferrand. Je ne peux pas vous préciser la date. Il y a eu ensuite une rafle pour traquer les résistants de cette faculté. Mais je ne connaissais pas les conséquences de telles arrestations.

Pensez-vous que votre famille avait la même perception des événements contemporains ? Se sentait-elle menacée ? Vous souvenez-vous d'une appréhension nouvelle ou d'un changement de climat perceptible ?

En ce qui concerne ma mère, je ne sais pas. Mon père, lui, connaissait parfaitement les événements. Mais il disait qu'on ne l'arrêterait jamais car il était français et avait fait la guerre de 14 dans les rangs de l'armée française.

Nous avions un cousin, un peu plus jeune que moi, qui vivait avec nous depuis un an. Son père avait été arrêté dans leur appartement parisien. Sa mère et ses frères étaient partis dans le Sud, la zone dite libre à l'époque. Jacques vivait chez nous. Son frère aîné est venu le chercher, un mois avant notre arrestation. Mon père ne voulait pas le voir partir tant il était persuadé que chez nous il était en sécurité et ne risquait rien ! Bien inspiré, son frère, heureusement, n'a rien voulu entendre et l'a emmené avec lui pour rejoindre leur mère ! Bien lui en a pris !

Mon père était convaincu que nous ne risquions rien, qu'ayant fait la dernière guerre, étant naturalisé français, ayant choisi et aimé ce pays et sa culture, jamais sa famille n'aurait le moindre problème. Il avait été averti de notre arrestation. Un ami de ma sœur aînée connaissait un milicien qui, menant un double jeu, était en fait un résistant. Il a prévenu cet ami que nous allions être arrêtés. Mon père, prévenu à son tour, a refusé de le croire. Cet ami a insisté. En vain.

Pour rassurer ma mère, nous sommes tout de même allés coucher chez une amie de mes parents où nous avons passé trois nuits. Mais dans la journée, mon père allait à son magasin, ma petite sœur à son école communale et moi au lycée. C'était stupide, inutile et bien dérisoire comme cachette ! Étais-je inquiet ? Je ne crois pas ; tout se déroulait pour moi comme les jeux de piste que nous faisions avec mes amis éclaireurs. Au bout de trois jours, comme il ne se passait rien d'anormal, mon père nous a rassurés. Nous sommes revenus chez nous et le lendemain matin, à 6 heures et demie, les miliciens français étaient là !

Avant d'aborder cette arrestation, pourriez-vous nous dire si l'occupation allemande avait changé votre façon de vivre ? Les Allemands envahissent la zone libre en novembre 1942, soit un an avant l'arrestation de votre famille : la présence de soldats modifiait-elle vos habitudes ?

Je n'avais pas l'impression d'une présence très importante. Dans son magasin, mon père avait pourtant un « gérant », un « administrateur », un gars qui s'occupait de gérer les biens juifs (c'est-à-dire de prendre le peu d'argent qu'il y avait !).

Nous étions sur les listes officielles des juifs. Je me souviens que, dès 1940, tous les juifs devaient aller se déclarer à la police. Je nous revois, tous les six, en file indienne, faisant la queue à la porte du commissariat où fut apposé sur nos cartes d'identité le tampon « Juif », en rouge, dans un encadré.

Cela paraît fou maintenant, mais les juifs, et surtout mon père, étaient légalistes et puisque c'était la loi, ils lui obéissaient. Mon dernier fils m'a demandé, un jour, si j'en voulais à mon père d'avoir été si inconséquent et de n'avoir rien fait pour nous cacher. Très sincèrement, jamais cette pensée ne m'a effleuré. Même si cela peut paraître irresponsable, il y avait une telle pureté dans l'amour et la confiance qu'avait mon père pour la France que je trouve ce sentiment admirable. Même s'il peut paraître inconséquent à la lumière de ce qui nous est arrivé ensuite. Mais qui pouvait imaginer l'inimaginable ? Qui pouvait penser qu'au XXe siècle des êtres humains puissent être assassinés aussi sauvagement ? Et concevoir qu'un État civilisé tenterait d'éliminer de la surface de la terre un groupe de gens du seul fait de leur origine !

Vous souvenez-vous de mesures antijuives particulières ? Je ne crois pas qu'il y ait eu de port de l'étoile jaune...

Effectivement, nous ne portions pas l'étoile jaune à Clermont-Ferrand, dans la zone dite libre. Je ne me rappelle pas si les magasins étaient marqués comme appartenant à des juifs, je ne peux pas vous dire. Je ne me souviens pas de lieux où était inscrit « Interdit aux juifs » comme sur certains panneaux, à Paris. Je ne me souviens pas de jardins publics interdits aux enfants juifs, de bacs à sable où les plus petits ne pouvaient pas jouer. Nous avions un jardin public juste en face de l'appartement, j'y allais sans problème.

Ces mesures de rétorsion envers les juifs n'existaient pas encore à Clermont-Ferrand. Sont-elles apparues après ? Je ne le sais pas.

Y avait-il des mesures ou un climat particulier au lycée Blaise-Pascal ?

À ma connaissance, aucune mesure à l'encontre des lycéens juifs, du moins en termes de loi ou de mesures administratives.

Et avez-vous été touché par des réactions antisémites ?

Jamais je n'ai ressenti le moindre antisémitisme, non, jamais. Du moins, en ce qui me concerne, peut-être que d'autres lycéens juifs ont eu à se plaindre d'un antisémitisme clairement affiché par certains professeurs ou élèves.

Aviez-vous entendu parler de « collaboration », de « résistance » avant novembre 1943 ?

Oui, mais les bulletins officiels du gouvernement de Vichy parlaient plutôt de « terroristes » quand ils évoquaient les résistants. Oui, j'avais entendu parler de résistance, mais je ne prétends pas du tout en avoir fait. On ne rentrait pas en résistance, comme on entre dans une pièce, en ouvrant tout simplement une porte ! Il fallait un concours de circonstances pour être coopté car tout le monde se méfiait de tout le monde. À juste titre d'ailleurs, il y a eu tellement de dénonciations et pas seulement de juifs ! Certains crachaient ainsi leur haine en dénonçant leurs voisins, leurs supérieurs hiérarchiques, parfois leurs anciens amis. Les êtres humains ne sont pas toujours admirables !

Le 11 novembre 1943, la veille de notre arrestation, avec des lycéens et de nombreux étudiants de la faculté de Strasbourg, j'étais allé place de Jaude, la place centrale de Clermont-Ferrand, proche de notre appartement. Les étudiants, calmement, faisaient le tour de la place avec deux bâtons qu'ils tapaient par terre tout en marchant. Mon père était furieux de mon inconséquence. Je dois dire que je ne me rendais pas tout à fait compte du risque. Les deux bâtons, cela voulait dire « De Gaulle » (deux gaules) ! C'était le 11 novembre. Nous avons marqué cette date de cette façon !

Pour ma part, ce n'était pas un acte de courage, je n'avais pas conscience du danger. Pour moi c'était plutôt un jeu. Est-ce que ça les a déchaînés au point de déclencher des arrestations ? Je n'en sais rien, mais le lendemain matin, le 12 novembre 1943, les miliciens sont venus nous arrêter et l'enfer, pour ma famille, a commencé.

Dans quelles circonstances a lieu l'arrestation de votre famille ce 12 novembre ?

Nous habitions dans un appartement au premier étage avec une porte donnant sur l'entresol. Quand, le 12 novembre 1943, les miliciens français sont venus à 6 heures et demie du matin pour arrêter mon père, il a voulu s'enfuir en sortant par la porte donnant sur l'entresol. Mais ils l'attendaient là aussi. Ils l'ont arrêté sans ménagement, tout de suite.

Ils étaient cinq ou six, tous habillés de la même façon, avec un grand manteau et un chapeau. Quand ils ont vu qu'il y avait dans l'appartement non seulement mon père, mais aussi ma mère, ma grand-mère, ma petite sœur de dix ans et demi, et moi qui en avais seize, le chef a décidé d'embarquer tout le monde. Je dis « embarquer » parce que c'est le mot qu'il a utilisé. Je ne me souviens plus de son visage mais sa voix métallique, méprisante, haineuse, résonne encore dans ma tête. Il avait reçu l'ordre d'arrêter mon père et c'est de sa seule volonté qu'il nous a pris tous les quatre. Il a laissé ma grand-mère, qui était grabataire et ne pouvait pas se déplacer, seule dans l'appartement. Elle y est probablement morte dans la solitude et l'abandon, car ils ont ensuite posé des scellés sur la porte.

Nous avions une employée de maison, Suzanne, que j'aimais beaucoup. Comme elle n'était pas juive, et ils le savaient, elle n'a pas été arrêtée avec nous. Cette femme merveilleuse, pleine d'inconscience, a eu un courage fou. Sachant que ma sœur aînée devait venir nous rendre visite, alors qu'un milicien veillait pour arrêter aussi les deux aînés, elle est restée dehors, sur le trottoir, en faisant les cent pas. Mon frère était dans les chantiers de jeunesse à l'époque, la milice ne devait pas le savoir. Mais quand Suzanne a aperçu ma sœur, de loin elle lui a fait un signe pour qu'elle parte. Ma sœur, qui m'a ensuite raconté l'histoire, a compris tout de suite le danger et elle s'est éloignée. Si Suzanne était toujours de ce monde, elle mériterait bien la médaille de Juste d'entre les Nations !

Quant à nous, les miliciens nous ont amenés tous les quatre à la caserne du 92ᵉ régiment d'infanterie transformée en prison.

Vous saviez à l'époque qui étaient les miliciens ?

Oui, on le savait parce qu'ils défilaient souvent dans les rues. Avec leurs bérets basques ! Ils roulaient dans des Citroën, des tractions avant noires. Ils étaient facilement reconnaissables, tous habillés de la même façon, quasiment : un uniforme civil avec un chapeau, un imperméable noir, en cuir parfois...

Ils suscitaient une crainte particulière ?

Je n'en avais pas conscience. Je savais qu'ils étaient pour le maréchal Pétain, et dans ma famille, nous n'avions pas une tendresse particulière pour lui !

Au moment de l'arrestation, imaginiez-vous que vous resteriez en captivité et que vous seriez ensuite transporté à Paris ? Aviez-vous une peur intense ou conserviez-vous une relative confiance ?

J'avais peur bien sûr, mais à mon niveau il était totalement impossible d'imaginer ce qu'il allait advenir de nous. J'avais une peur intense, j'avais l'impression d'être dans un autre monde. J'étais d'un seul coup plongé dans un monde d'adultes qui n'était pas le mien. Jusque-là, je fréquentais surtout un milieu d'adolescents, mes copains du lycée. Alors que j'avais vécu jusqu'à ce jour dans une bulle protectrice entretenue par mes parents, là je me sentais dans une autre bulle, artificielle celle-là.

Cette impression d'être plongé dans un autre monde a suscité, bien sûr, une peur intense, mais c'était un autre que moi qui ressentait et vivait cette peur. Cette impression quasiment schizophrénique, je l'ai vécue dès le début. Dans la prison.

Être plongé subitement dans un monde qui n'est pas le sien, être dans une espèce d'irréalité est une expérience rare. J'étais projeté dans un film dont j'étais en même temps l'acteur et le spectateur. Une espèce de dédoublement bizarre. J'ai ressenti cela dès le début. Ce monde irréel devenait ma réalité.

Vous avez gardé quelques souvenirs de cette prison ?

Oui... Nous n'étions pas dans une petite cellule. Nous partagions une grande salle avec d'autres détenus, des résistants. Il n'y avait pas de juifs. Dans cette prison, j'avais une peur terrible, cette peur qui prend au ventre, empêche même de respirer et serre comme dans un étau.

Lorsque les détenus étaient appelés pour interrogatoire, ils revenaient en sang tellement ils avaient été torturés. Les miliciens les jetaient dans la pièce comme on jetterait des paquets de linge ensanglanté.

Mon angoisse, c'était que mon père revienne aussi dans le même état lorsqu'ils venaient le chercher pour l'interroger. Et cette image de mon père torturé, maculé ne me quittait qu'à son retour. Heureusement, il n'a pas été brutalisé, du moins pas de cette façon, car que pouvait-il avouer d'autre que son origine juive !

Je me souviens d'un grand type, blond, avec un accent du nord de la France à couper au couteau. Ses deux mains étaient menottées dans le dos et les bracelets métalliques étaient tellement serrés que du sang perlait à chacun de ses poignets. Cet homme au fort accent du Nord m'a énormément impressionné et m'a beaucoup appris sur la notion de courage. Je pense très souvent à lui. Il est sans doute mort là-bas. Quand il revenait des interrogatoires, comme il avait toujours les mains attachées dans le dos avec des menottes, il ne pouvait rien faire seul et c'est ma maman qui le faisait manger. Après chaque cuillerée, il chantait des berceuses. Je ne sais pas si vous vous imaginez, cet homme en sang, souffrant mille morts et chantant des berceuses en pensant peut-être à un enfant laissé chez lui ou à celui qu'il aurait souhaité avoir. J'étais ému aux larmes ! L'émotion côtoie parfois l'horreur. Voir cet homme courageux chanter des berceuses alors que la mort rôdait autour de lui, était formidable et terrible. Je me souviens des deux premières phrases d'une des complaintes qu'il sortait péniblement de ses lèvres tuméfiées : « P'tit bonhomme tu pleures, j'connais ton chagrin... » et l'air ne m'a jamais quitté puisqu'il m'arrive parfois de le fredonner en pensée. Étonnant !

Nous sommes finalement restés une quinzaine de jours dans cette prison.

Après ce séjour en prison, comment avez-vous été transféré jusqu'à Drancy ?

Par le train, avec deux gendarmes !

Avez-vous conservé un souvenir précis de ce voyage ?

Très, très précis ! Dans la prison, j'ai connu l'angoisse, la vraie peur, quand mon père était appelé pour interrogatoire. Dans le train, j'ai connu la connerie ! La connerie qui blesse, la connerie qui fait mal, la connerie qui atteint les autres dans leur dignité.

Comme de redoutables bandits, nous étions gardés par deux gendarmes français, dans un compartiment de 3e classe. Il y avait trois classes, alors, dans les trains. Les sièges étaient en bois. À l'époque, le trajet Clermont-Ferrand-Paris était long, il durait au moins neuf heures et parfois plus. Les deux gendarmes étaient au bout du compartiment pour éviter qu'on n'en sorte et ils mangeaient leurs sandwichs. Cette image me reste très fidèlement en mémoire.

Mon père, qui se sentait complètement français, essayait de leur parler, gentiment, calmement, sans aucune agressivité et...

ils ne répondaient pas. J'étais assis sur mon banc en bois, je les regardais manger leurs sandwichs et je ne comprenais pas. Je ne comprenais pas pourquoi ils ne répondaient pas à mon père qui n'avait aucune méchanceté et parlait la même langue qu'eux. Mon père ne leur reprochait rien, il tentait simplement d'obtenir quelques informations. Ils auraient pu au moins lui dire qu'ils étaient obligés de nous surveiller jusqu'à Drancy. Non, rien, ils ne disaient rien.

Dans ce compartiment, j'ai ressenti pour la première fois le vide monstrueux de la déshumanisation. Pour ces gendarmes, intoxiqués par la propagande vichyste, nous n'étions plus des êtres humains normaux, puisque à leurs yeux les juifs ne l'étaient pas. Alors pourquoi parler avec mon père puisqu'il était différent d'eux ?

Durant toute mon expérience concentrationnaire ensuite, j'ai ressenti ce que voulait dire être considéré comme un sous-homme, l'*Untermensch* des nazis. Dans ce train, j'ai eu cet étrange sentiment pour la première fois.

À un certain moment, j'ai voulu aller aux toilettes. J'ai demandé l'autorisation. Un des deux gendarmes m'a accompagné jusqu'au bout du wagon et il a mis son pied dans la porte des WC pour éviter que je ne la ferme. Craignait-il que je m'enfuie par le petit trou du siège ? J'étais blessé, honteux, gêné, je me sentais offensé dans ma dignité. Je ne suis pas certain qu'il ait fait cela par méchanceté. On lui avait dit de le faire, alors il le faisait, sans réfléchir. Cette bêtise est dangereuse, parce qu'elle touche les gens dans ce qu'ils ont de plus intime.

Parfois des élèves me disent que nous étions alors considérés comme des animaux par les nazis. Je leur réponds que non, car les animaux ont un statut, celui de l'espèce à laquelle ils appartiennent. Alors que nous, nous n'étions rien et n'appartenions à rien. Un chat est un chat et reconnu comme tel, un chien est reconnu comme un chien, nous, nous n'étions rien. Et je le découvrais subitement dans ce face-à-face avec des Français comme nous.

Vous souvenez-vous de l'arrivée à Drancy ?

Pas du tout.

Et des jours qui suivirent ?

Très peu. Il y a des images qui me reviennent de Drancy, des images fixes elles aussi, un peu comme dans des rêves. Il y avait des immeubles de quatre étages. Je me souviens que maman et ma petite sœur couchaient dans les deux premiers étages. Mon père et moi au troisième ou quatrième étage. Il n'y avait pas de portes, on couchait sur des paillasses à même le sol, comme dans la prison de Clermont-Ferrand. C'étaient en fait des HLM dont la construction n'était pas terminée et qui, m'a-t-on dit ensuite, comble de l'ironie, étaient destinées à loger des gendarmes. Il n'y avait pas de fenêtres. Il n'y avait pas d'arbres, pas de terre-plein recouvert de gazon dans la cour comme aujourd'hui. De la terre battue plutôt.

Ces petits immeubles disposés en U étaient fermés par une grande palissade. Je ne comprenais pas pourquoi certains Français, qui nous gardaient, faisaient le jeu des occupants de notre pays. Je n'ai toujours pas compris d'ailleurs... C'est à peu près tout ce qui me reste de Drancy, si ce n'est la faim, plus intense que dans la prison de Clermont.

Les gens à Drancy avaient-ils des appréhensions et des angoisses particulières ? Parlaient-ils de ce qui allait se passer ensuite ?

J'entendais parler de temps en temps de « Pitchipoï » ou quelque chose comme cela, mais c'est tout.

Marcel Jabelot, qui était à Drancy en octobre 1943, évoque l'attente angoissée et perplexe des familles recluses. Personne n'imaginait ce qui pouvait alors se passer, raconte-t-il : « À Drancy, personne ne parlait d'Auschwitz »...

Bien sûr ! Mon père, homme cultivé, se tenant au courant de la politique, n'imaginait absolument pas la menace qui pesait sur nous. Auschwitz était tellement invraisemblable qu'à notre retour, malgré les documents diffusés par la presse ou le cinéma, la majorité des gens n'y croyait pas ! Malgré les photos et les reportages pourtant édifiants.

Cela explique aussi pourquoi la grande majorité des rescapés, dont je suis, s'est tue dès le retour.

Non, aucun d'entre nous ne pouvait concevoir l'horreur poussée à ce point, la barbarie prônée par certains hommes et concrétisée, planifiée, perpétrée dans des enfers modernes. Comment imaginer qu'un pays comme l'Allemagne puisse donner naissance à de telles cruautés ? Même dans le train qui nous emmenait là-bas, mon père, ma mère et tous ceux qui étaient avec nous dans le wagon ne pouvaient penser que là-bas, en Haute-Silésie, des chambres à gaz les attendaient. Ce n'était pas conceptualisable par des êtres normalement constitués.

Vous êtes resté quelques semaines à Drancy, quelques jours ?

Très peu ! Quelques jours seulement ! Nous sommes partis par le convoi du 7 décembre 1943. Nous sommes peut-être restés à Drancy une semaine, puis on nous a entassés dans un autobus de la RATP à plate-forme pour rejoindre la gare de Bobigny qui touche pratiquement Drancy.

Les SS qui étaient là criaient pour qu'on monte rapidement dans les wagons à bestiaux rangés le long du quai. Mes parents ne nous quittaient pas d'une semelle, ma petite sœur et moi, pour que nous restions avec eux. En dehors de cela, je ne me souviens plus de notre départ.

Vous partez le 7 décembre par le convoi n° 64, ce convoi transfère environ mille personnes...

Mille exactement, selon les chiffres de Serge Klarsfeld.

À l'arrivée, 661 personnes sont emmenées directement dans les chambres à gaz et exterminées, 339 sont sélectionnées pour le travail. Parmi celles-ci, seules 50 survivront... Avez-vous vu des survivants de ce convoi après votre retour ?

Jamais... je ne me souviens pas du tout des gens qui étaient avec nous dans le wagon. En dehors de ma petite sœur et de mes parents, je ne parlais à personne. Et puis j'étais dans une bulle qui estompait déjà la réalité de ce voyage infernal. Comme si mon esprit fuyait un univers insoutenable et inconcevable pour lui, comme s'il voulait s'absenter.

Avez-vous l'impression que le dédoublement « schizophrénique » dont vous parliez déjà au moment de votre arrestation a une fonction éminemment protectrice ? Imre Kertész, le Prix Nobel de littérature hongrois qui fut déporté au même âge que vous, évoque une expérience similaire dans Être sans destin. *À certains moments, explique le narrateur de ce roman, alors qu'il était déjà dans le camp, il se réfugiait dans l'imaginaire, ou bien il regardait son corps de l'extérieur... Et ce dédoublement lui permettait presque, alors, d'évacuer la conscience douloureuse et la souffrance physique. Certains psychanalystes parleraient ici d'un « clivage » défensif du moi dans les situations traumatisantes...*

Indiscutablement ! À partir du moment où vous avez l'impression que ce qui vous arrive arrive à un autre que vous, cet autre que vous regardez de loin, qui est vous, mais pas tout à fait vous, l'angoisse s'atténue ou n'existe plus. Je dis parfois que j'ai beaucoup souffert mais probablement moins que j'imagine et sûrement moins que d'autres, parce que j'ai eu la chance de pouvoir m'isoler, de pouvoir m'évader. Ne pas vivre ce qu'on vous impose ou s'en extraire par la pensée ou l'imagination est une forme d'évasion. Dans ce train, je commençais à fuir à ma façon. À fuir mentalement pour survivre.

II

Auschwitz-Monowitz

« Le sentiment de notre existence dépend pour une bonne part du regard que les autres portent sur nous : aussi peut-on qualifier de non humaine l'expérience de qui a vécu des jours où l'homme a été un objet aux yeux de l'homme. »

Primo Levi,
Si c'est un homme

« Il y a dans notre personnalité un domaine qui, comme je l'ai appris, est notre propriété perpétuelle et inaliénable. Le fait est que, même en captivité, notre imagination reste libre. Par exemple, je savais faire en sorte que, tandis que mes mains étaient occupées par une pelle ou une pioche – m'astreignant à exécuter des mouvements économiques, parcimonieux, seulement les plus indispensables –, moi-même je n'étais pas là, tout simplement.

[...] Mon passe-temps préféré était de m'imaginer maintes fois une journée entière à la maison, sans lacune, du matin jusqu'au soir, si possible, et toujours en me limitant à des faits modestes. »

Imre Kertész,
Être sans destin

Nous avons évoqué votre arrestation et les jours passés à Drancy. Vous êtes ensuite conduit avec votre mère, votre père et votre petite sœur jusqu'à la gare de Bobigny d'où vous partez, dans des wagons à bestiaux, pour une destination inconnue. Quelles furent les conditions de ce voyage ?

J'ai quelques difficultés à appeler cela un voyage. Bien sûr, Jorge Semprun lui-même a intitulé un livre racontant ces événements *Le Grand Voyage* ! Il s'agissait plutôt d'un transport, comme on transporte des objets ou des animaux.

Je ne me souviens pas très bien de tous les détails. Au début, on ne pouvait pas s'asseoir tellement nous étions nombreux, serrés les uns contre les autres, tassés comme des bêtes. Puis, très vite, dès les premières heures, peut-être parce qu'une partie des gens présents dans ce wagon étaient assez âgés, il y a eu des morts.

Avant d'être dans ce wagon à bestiaux, je n'avais pas vu de gens mourir. La mort était un sujet tabou, on la cachait aux enfants. Mon grand-père maternel est mort avant la guerre, je l'ai appris mais je n'ai jamais vu son cadavre, je ne l'ai même pas accompagné au cimetière. Les cadavres de ce wagon furent, si j'ose dire, mes premiers morts. Ça fait un drôle d'effet de voir pour la première fois des gens mourir, des êtres humains qui peu de temps avant respiraient, geignaient et même pleuraient. Oui, ça fait un drôle d'effet, même si vous vous isolez souvent pour échapper au cauchemar !

Ces morts, les hommes les entassaient le long des parois du wagon comme ils l'auraient fait avec des mannequins ! Nous avons alors pu nous asseoir. Nous avons même pu nous allonger vers la fin de ce transport infernal, car les morts, dans notre wagon du moins, étaient nombreux. Lorsque je pense à ces trois jours hors du temps, je me dis souvent que les morts nous ont donné leur place ! Je ne les connaissais pas, mais j'ai pour eux beaucoup de compassion lorsque je songe à leur agonie.

Je me souviens des petites ouvertures du wagon avec leurs petits barreaux en métal noir. Il y en avait une de chaque côté, et elles étaient si petites, si étroites qu'elles me faisaient penser à des meurtrières. Elles laissaient entrer très peu d'air frais, très peu de lumière et sortir très peu d'odeurs.

Je me souviens de la tinette pour faire ses besoins. Cette tinette d'environ un mètre de haut a été vite remplie et comme le train bougeait beaucoup sur ses rails disjoints, une bonne partie s'en échappait et imprégnait tout, le plancher du wagon, nos vêtements et nous-mêmes ! Je me souviens de l'odeur, de la puanteur, devrais-je dire. Les nazis voulaient, intoxiqués par leur propagande antisémite, que nous devenions des bêtes. Eh bien, dans ce train nous le sommes devenus, en apparence du moins !

L'entreprise nazie de déshumanisation commençait ainsi.

Mes parents, malgré cette ambiance mortifère, tentaient de nous distraire, ma petite sœur et moi. Ils essayaient de nous amuser pour que le temps passe plus vite, pour qu'on ne pense pas trop aux morts, qu'on oublie quelques instants nos effroyables conditions d'existence, pour qu'on ne pense pas à ce qui nous attendait.

Je crois qu'eux-mêmes n'imaginaient pas ce qui allait arriver.

Y avait-il de l'eau, de la nourriture dans ce wagon ?

Non, il n'y avait pas d'eau et nous n'avions presque rien à manger. Le peu de nourriture, je me demande comment mon père se l'était procuré ! Des bébés et des personnes âgées sont morts, probablement de faim. Il y avait des femmes qui pleuraient parce qu'elles n'avaient plus de lait à donner à leur enfant, des malades qui râlaient de douleur avant de se taire définitivement. Je me souviendrai toujours des cris des bébés, ces cris qui me poursuivent parfois encore dans mes rêves.

Beaucoup d'écrivains ont écrit des pages et des pages sur ce train, que j'appelle le « train de la nuit », parce que nous étions au fond du gouffre et qu'on n'en imaginait pas l'issue. Mais quel que soit le talent de ceux qui ont écrit ces pages, la description restera toujours en deçà de la sinistre réalité. Comment décrire le regard apeuré de certains ? Comment définir l'odeur qui nous imprégnait tous, dans ce wagon devenu notre prison ?

Au début, lorsque les SS ont fermé les portes du wagon, je n'arrivais pas à distinguer quoi que ce soit dans l'obscurité, je ne sentais que les corps contre moi, des corps inconnus. Puis, peu à peu, je m'y suis habitué mais je ne voyais, avec angoisse, que le dos des adultes. Au bout d'un certain temps, j'ai pu voir mes parents et ma petite sœur et, en jouant un peu des coudes, retrouver leur présence rassurante.

Les déportés dans le convoi emmenaient-ils des bagages ?

Oui, bien sûr. Une petite valise qui nous a suivis partout. À Drancy, cette valise-là, on l'avait avec nous. Au moment du tri, lors de la sélection sur le quai de Birkenau, nous avons reçu l'ordre de poser les bagages et tous les paquets en notre possession, de les laisser par terre. Mes parents l'ont posée. On ne l'a plus revue, évidemment.

Comment se passe l'arrivée à Auschwitz, lorsque le train s'arrête ?

D'abord, ce qui me reste en mémoire, c'est le bruit fait par des masses, des grosses masses, pour faire sauter les fermetures extérieures des portes. Puis la porte coulissante s'ouvre brusquement et le froid s'engouffre d'un seul coup dans le wagon où il faisait assez chaud tellement nous étions entassés. Avec le froid, une explosion de cris qui, comme des aboiements de chiens, me poursuivent toujours. « *Schnell, raus, schnell* », tout cela avec des coups car il fallait sortir du wagon le plus vite possible pour que le train puisse repartir rapidement chercher une nouvelle cargaison de martyrs !

On sortait à coups de poings, de matraques, de crosses de fusils. Il n'y avait bien sûr pas de marches, on devait sauter, environ un mètre, pour arriver sur le quai. Pour ma petite sœur, les autres enfants et moi, c'était assez facile même si nous étions affaiblis par la faim. Mais pour les parents et les gens plus âgés, c'était plus compliqué, il fallait les aider tout en recevant des coups. C'était vraiment un spectacle inimaginable.

Je me souviens d'une chose aussi. Quand nous sommes arrivés sur ce quai où les SS aboyaient, où les gens affolés étaient matraqués, où les femmes pleuraient en serrant leurs enfants contre elles, où les enfants criaient lorsqu'ils étaient séparés de leurs parents, il y avait des hommes très maigres, en habits rayés, comme des bagnards. Ils nettoyaient déjà les wagons, les vidaient de leurs immondices et descendaient les morts qu'ils entassaient sur des charrettes à bras.

Nous sommes arrivés dans l'après-midi ou au début de la soirée mais il faisait encore jour. Ce quai, que les historiens ont baptisé la « rampe en béton d'Auschwitz-Birkenau », n'est pas celui qu'on visite aujourd'hui quand on se rend à Auschwitz. En 1944, ils en ont construit un autre permettant aux victimes d'aller à pied jusqu'à leur supplice. Nous, nous sommes arrivés sur le premier quai relativement éloigné des chambres à gaz.

Sur ce quai, il y avait de grands lampadaires avec des projecteurs puissants et une nappe épaisse de brouillard, percée difficilement par la lumière électrique. J'avais l'impression alors, n'apercevant ni le début ni la fin du train, tant le brouillard était épais, que la nature mettait un voile au-dessus de tout ce qui se passait là, pour cacher au monde ce qui allait arriver. Je ne savais pas ce qu'il allait advenir de nous, pas du tout. Je sentais seulement que quelque chose d'irréversible allait se produire tellement tout me paraissait irréel. Ce voile était comme un voile de honte qui cachait au monde des hommes ce que d'autres hommes allaient commettre.

Puis, tout s'est passé très vite, les femmes et les jeunes enfants ont été séparés de nous. J'ai vu ma maman partir avec ma petite sœur sur un camion. Cette dernière image d'elles, je la revois encore très très bien. Ma maman avec la liseuse en laine rose qu'elle avait tricotée au crochet, debout sur le camion, serrait contre elle ma petite sœur et me regardait. Moi, j'attendais sur le quai et regardais partir le camion sur lequel elles étaient toutes les deux, entassées avec d'autres femmes et d'autres enfants. Ma maman me regardait toujours et c'est le dernier regard d'elle qui me reste.

Je tenais la main de mon père quand nous avons été brusquement séparés par un SS arrivé, presque en courant, derrière nous. Très vite, tout cela s'est passé très vite, mon père a été poussé d'un côté, moi, j'ai été poussé d'un autre. Puis il est parti lui aussi sur un camion, comme maman et Monique.

Quand je suis arrivé au camp, je pensais les retrouver tous les trois. Évidemment. Je ne savais pas où ils étaient mais je pensais qu'ils étaient partis en camion parce qu'ils étaient plus âgés. J'étais persuadé alors de les retrouver, la question ne se posait d'ailleurs même pas !

À ce moment-là, où êtes-vous transféré ?

À Auschwitz III. Buna-Monowitz.

Comment s'est déroulée l'entrée dans ce camp ?

Quand je suis arrivé dans ce camp avec les 338 autres sélectionnés, il a fallu se déshabiller, se mettre nu tout de suite. Il faisait très froid, sûrement moins 15 degrés et nous sommes restés très longtemps, peut-être deux heures, nus, dehors, sur la place. J'ai vu les premiers morts, morts de froid sans doute, tomber, nus, par terre. Je ne comprenais pas.

Je m'attendais à retrouver mon père, ma mère et ma petite sœur. À un certain moment, j'ai entendu parler français : des hommes qui étaient déjà en habits rayés, pas très loin de moi. Je me suis approché d'eux, malgré l'interdiction et leur ai demandé dans un souffle : « Je suis arrivé avec mon père, ma mère, ma petite sœur, où sont-ils ? »... L'un d'eux m'a répondu rapidement, en me montrant une cheminée – qui n'était pas une cheminée de four crématoire parce qu'il n'y en avait pas à Monowitz : « Ils sont là-dedans tes parents. » Cette histoire réelle s'est renouvelée souvent car beaucoup de gens ont raconté avoir reçu semblable réponse à cette question.

Ça m'a paru tellement impossible, tellement irréel, que je ne l'ai pas cru. J'ai pensé : « Mais qu'est-ce qu'il me raconte cet imbécile ? Pourquoi se moque-t-il de moi ? » C'était tellement énorme, incompréhensible, ce n'était pas conceptualisable comme on dit maintenant.

À partir de quel moment avez-vous pu comprendre que c'était malheureusement la vérité ?

Le lendemain. Très vite. Et pendant tous les mois que j'ai passés là-bas, je savais qu'ils avaient été gazés le soir même.

Mais il y avait quand même, au fond de moi, dans mon imaginaire, une petite part qui refusait l'évidence. En dehors de toute logique, en dehors de toute vraisemblance, je me disais : ce n'est peut-être pas vrai. Ce qu'on m'a dit est faux et je vais revoir ma mère et mon père. Pour ma petite sœur, je n'avais guère d'espoir, elle était trop petite, les SS ne gardaient pas de bouches inutiles. Je me disais : ma mère, mon père, peut-être, quand même, peut-être... Il y avait toujours ce « peut-être »-là qui persistait au fond de moi et coexistait avec la certitude qu'ils avaient été parmi les martyrs du premier soir.

À votre arrivée, vous vous retrouvez nu avec les 338 autres sélectionnés dans votre convoi : que s'est-il passé alors, avant votre intégration dans le camp et dans un commando ?

Le soir même, j'ai été tondu. Avec une mauvaise tondeuse qui arrachait plus qu'elle ne coupait les cheveux, les poils des aisselles, du pubis. Malgré la stupeur, je me suis vu sourire devant la tête sans cheveux de certains de mes compagnons, si ridicules avec leurs crânes rasés.

Puis on a pris une douche, dans une salle où il y avait plusieurs pommeaux. Nous étions plusieurs sous chacun d'entre eux. Avions-nous du savon, nous ont-ils donné une serviette ? Je ne m'en souviens pas, mais je ne crois pas.

Ensuite j'ai été tatoué comme une bête pourrait l'être. Ils m'ont tatoué un numéro. Avec une certaine brutalité, le déporté dont c'était le travail m'a saisi l'avant-bras gauche, en le bloquant bien contre lui, et de son autre main, avec une espèce de clou trempé dans de l'encre de Chine et fiché dans un manchon en bois, il m'a tatoué un numéro de six chiffres.

Je ne comprenais pas très bien ce qui se passait mais je n'étais plus Sam Marcel Braun né le 25 août 1927, à Paris. J'étais devenu le numéro 167472 né le 10 décembre 1943, là-bas, dans un coin de honte de Haute-Silésie. Je subissais et ne me posais aucune question pour comprendre ce qui m'arrivait. Tatoué, j'avais plus que jamais l'impression d'être ailleurs, tout était tellement irréel. J'étais totalement passif. Et puis, comprendre quoi ? Peut-on humainement comprendre que l'on puisse tatouer des êtres humains ? Leur tatouer sur le bras un numéro matricule devenu leur nouvelle identité ? De toute façon, pouvais-je faire autre chose que subir ?

Puis, avec tous les autres, j'ai été poussé dans une cabane jusqu'au lendemain matin, après avoir été désinfecté avec une poudre et être passé au « Canada », où d'autres déportés nous donnaient nos vêtements de bagnards ! Puis-je appeler vêtements la chemise en loques, le pantalon et la « veste » en toile légère, sans doublure, rayée gris et bleu ou la longue veste rayée de même toile bien légère, également sans doublure, qu'ils appelaient le « manteau », le béret de même tissu, le *Mütze*, les galoches de toile grossière aux semelles de bois ?

Un déporté préposé à établir des listes m'a demandé si j'avais un métier. J'étais trop jeune pour avoir un métier, j'étais en première au lycée. Alors il m'a inscrit d'office dans un commando, le commando 55, où je suis resté tout le temps. C'était un commando affecté aux travaux de terrassement. Pendant tous ces longs mois, parfois j'ai gâché du ciment, sous le contrôle d'un civil, j'ai aussi manié pelle et pioche. Lorsqu'on connaît le poids d'une pioche et les conditions dans lesquelles nous survivions, on se rend compte de la difficulté de tels travaux !

Monowitz ou Auschwitz III avait été créé pour utiliser une main-d'œuvre d'esclaves affectée à la construction d'une usine de l'IG Farben, un énorme complexe industriel allemand propriétaire de nombreuses usines. Dans celle-ci devait être fabriqué du caoutchouc synthétique qui se dit, je crois, *Buna* en allemand. Le camp Auschwitz III ou Monowitz a pris très vite le surnom Buna. Quand Primo Levi (que je n'ai pas connu) cite le camp, dans lequel il était également, il l'appelle souvent « la Buna ».

À Buna-Monowitz, aviez-vous des informations précises sur l'existence d'autres camps ? Connaissiez-vous par exemple Auschwitz-Birkenau et saviez-vous ce qui s'y passait ?

Oh oui ! très vite j'ai su. Tout se sait très vite. Ces camps, Auschwitz I et Birkenau, étaient proches l'un de l'autre, alors que Buna-Monowitz était à peu près à six kilomètres des deux premiers. Pour diverses raisons, des déportés étaient souvent transférés d'un camp à un autre. Moi, je suis resté toujours dans le même camp, et toujours dans le même bloc. Les déportés transférés à la Buna et venant d'un autre camp du complexe d'Auschwitz racontaient tout ce qui se passait dans les autres camps. Ils étaient transférés pour répondre certainement à la parfaite organisation des SS, car dans ce domaine ils étaient très doués. Avaient-ils besoin de main-d'œuvre supplémentaire ? Il suffisait d'aller chercher les esclaves là où ils étaient moins utiles !

Quelle était la saison la plus rude pour les prisonniers qui comme vous travaillaient à l'extérieur, dans des conditions particulièrement pénibles ?

Le travail, au commando 55, était physiquement très dur. J'ai eu certes très froid, mais j'ai souffert énormément de la chaleur, car il faisait très chaud l'été. L'hiver, le travail très pénible me permettait de lutter contre le froid. Ce qui n'empêchait malheureusement pas certains de mourir de froid ! Ils gelaient et s'écroulaient sur le sol comme des poupées de chiffon, leurs vêtements se ramassaient en boule et l'on distinguait à peine leur corps squelettique de leurs hardes loqueteuses.

Même si le froid, l'hiver, était intense avec le vent glacial qui me griffait le corps en pénétrant facilement sous mes vêtements, je me sentais également très mal dans la chaleur de l'été tant le travail était dur. Mes origines russo-polonaises me permettent-elles de supporter plus facilement le froid que le chaud ? Je ne sais pas, mais travailler comme une bête dans la chaleur était pour moi une épreuve difficilement supportable.

Vous saviez, à ce moment-là, que vous construisiez une usine ?

Oui, tout à fait. Comment ne pas le savoir ? J'avais les bâtiments sous les yeux. C'était une énorme usine. Je n'ai jamais su son étendue exacte mais c'était immense. Il y avait des dizaines de bâtiments. C'était un point stratégique puisque nous avons été bombardés, par les Américains, par les Russes et par les Anglais.

Ils n'avaient pas la même technique pour bombarder, mais ils nous bombardaient pour freiner l'effort de guerre de l'Allemagne. J'ai appris, plus tard, qu'aucune goutte de caoutchouc synthétique n'était sortie de l'usine. C'est une satisfaction : l'avance alliée n'a pas laissé aux nazis le temps d'en fabriquer.

Au cours du procès de Nuremberg, les dirigeants de l'usine ont prétendu n'avoir été au courant de rien nous concernant. De qui se moquaient-ils ? Ne voyaient-ils pas ces milliers de déportés travaillant comme des esclaves ? Nous étions pourtant reconnaissables avec nos habits rayés et nos corps faméliques. Étions-nous si maigres que nous étions devenus invisibles ? Et à qui payaient-ils les quelques marks ou pfennigs pour le travail que nous accomplissions, si ce n'est à la SS ? Les historiens ont en effet retrouvé les preuves que l'IG Farben payait à la SS notre travail. Les documents existent bel et bien !

Vous parlez des bombardements en distinguant différents types d'attaque : quels étaient alors vos sentiments ? Y avait-il une peur ? Une attente ?

Curieusement je n'avais pas peur. Il y avait une sorte d'enthousiasme que j'ai analysé après comme le sentiment d'exister encore pour les Alliés. J'avais alors le sentiment de n'être pas tout à fait seul et oublié dans ce monde de brutes. La guerre n'était donc pas finie, les Alliés mettaient tout en œuvre pour nous libérer. Bien sûr, les bombardements n'avaient pas pour but de libérer le camp de Buna-Monowitz, mais c'est ainsi que je les vivais.

Lors des bombardements, nous, les déportés, restions dehors, les abris n'étaient pas faits pour nous. Seuls pouvaient s'y réfugier les SS, parfois les kapos et les civils qui travaillaient à la construction de l'usine, car ils étaient très nombreux. Il arrivait souvent qu'une bombe ne tombe pas très loin. Une cinquantaine de mètres. Cent mètres. De la terre nous tombait dessus et c'était tout. Peut-être que quelques déportés sont morts ainsi sous les bombes, mais je n'en suis pas sûr.

Quand je voyais les avions je me disais : « Allez-y les gars, démolissez tout. » C'était un peu ça. Quand je voyais un bâtiment démoli, je ressentais une espèce de fierté, de satisfaction, surtout quand il y avait un abri avec des SS et des civils dessous !

Vous vous souvenez de plusieurs bombardements ?

Oui. Dans ma mémoire, il y en a bien eu cinq ou six. Si ce n'est plus. Les Russes avaient une technique extraordinaire et très efficace. Ils envoyaient un avion, la sirène se déclenchait. Les SS et les civils se précipitaient dans les abris, nous, on attendait dehors que ça passe. L'avion russe ne lâchait aucune bombe et repartait. Deuxième avion, quelques minutes plus tard, à nouveau l'alerte. Il repartait aussi sans rien larguer. Le troisième avion arrivait. Les Allemands n'y croyaient plus, ils ne déclenchaient plus l'alerte. Alors l'avion lâchait ses bombes et repartait aussitôt. Moi, ça m'amusait beaucoup.

Les Américains, eux, volaient très haut dans le ciel. Un premier avion arrivait, faisait un grand rond avec de la fumée, une sorte de fumée disons. Et les forteresses volantes passaient au milieu de ce rond énorme ; elles lâchaient leurs bombes en vrac. Ça tombait où ça pouvait, pas toujours sur les bâtiments mais, comme ils envoyaient de nombreuses bombes, ils finissaient par faire des dégâts.

Les Anglais bombardaient avec plus de précision, à plus basse altitude que les Américains.

Comment se passait la journée ordinaire d'un détenu travaillant dans ces commandos de terrassement ?

Nous partions du camp sitôt l'appel fini, très tôt parce qu'on se levait à 4 ou 5 heures du matin, selon les saisons.

On faisait notre toilette rapidement sans savon ni serviette. Tout aussi vite, nous engloutissions notre « petit déjeuner » composé d'une louche d'un liquide non sucré, noirâtre, à peine chaud, qu'ils appelaient café, de 200 g d'un pain dont la mie était noire, un peu collante (et si compacte que 200 g représentaient une tranche de 2 cm à 2 cm et demi) et de 15 g de margarine. Une fois par semaine, nous avions une cuillère à café d'une espèce de confiture et une fois par semaine également, une tranche de saucisson qui ressemblait par sa couleur au saucisson à l'ail mais n'en avait malheureusement pas le goût.

Puis nous sortions de la cabane et on nous regroupait sur la place centrale du camp, à l'emplacement réservé au baraquement dans lequel on couchait. L'appel du matin pouvait durer de longues heures. Et dans ce coin de Pologne, où il y a toujours du vent, l'hiver est souvent glacial. Pour se réchauffer, avant de se regrouper sur la place à l'endroit qui nous était assigné, on se mettait les uns contre les autres, dos à dos. La chaleur animale qui émane des corps passe de l'un à l'autre.

Il fallait apporter avec nous les morts de la nuit pour qu'ils soient décomptés. Nous étions en rangs par cinq, puis l'appel durait, durait. Ils nous comptaient, nous recomptaient et nous recomptaient encore. J'avais l'impression qu'ils ne savaient pas compter alors que c'était une de leurs méthodes pour continuer leur travail de déshumanisation. Nous n'étions pour les SS que des *Stücke*, des morceaux !

Une fois l'appel terminé, lorsqu'ils avaient leur compte d'esclaves, toujours sur la place, on se regroupait en commandos, puis on partait, les commandos les uns derrière les autres, toujours par cinq. En quittant le camp, il fallait éviter d'être sur la file de gauche, parce qu'à gauche, on recevait des coups distribués largement par l'*Arbeitälteste* (le « chef de travail ») qui, en comptant les membres de chaque commando, nous tapait dessus. Sur la droite, il y avait un orchestre ! Comment peut-on imaginer cela ? Une telle cruauté, une telle perversité ? Un orchestre avec d'illustres musiciens, des prisonniers, bien sûr, obligés de jouer. C'était invraisemblable ! La bestialité la plus innommable côtoyant une musique censée adoucir les mœurs !

Nous sortions en marchant au pas cadencé pendant plusieurs centaines de mètres et on entrait très vite dans l'aire de l'usine de la Buna. Au retour, le soir, c'était l'inverse évidemment, l'orchestre était à gauche et l'*Arbeitälteste* à droite, mais il nous tapait toujours dessus en comptant les membres de chaque commando.

Arrivés sur la place, nous nous regroupions à nouveau, comme le matin, à l'endroit prévu pour le baraquement, et comme le matin, l'appel durait, durait, parfois des heures et des heures alors que nous étions harassés et frigorifiés. Pendant cet ultime appel, nous devions rester debout sans bouger.

L'appel terminé, nous nous précipitions dans la cabane où le préposé au repas nous distribuait la soupe : un litre d'eau tiède avec quelques morceaux de pomme de terre pour ceux qui arrivaient vers la fin du bidon, les premiers n'ayant reçu qu'un liquide bien clair !

Avec quel niveau hiérarchique étiez-vous alors en contact ?

Avec les kapos essentiellement. Sur les lieux de travail, différents selon les jours, seul le kapo nous commandait après avoir reçu ses ordres d'un contremaître civil dont, pour ma part, je n'ai jamais eu beaucoup à me plaindre. Étaient-ils allemands ou polonais ? Je ne sais pas, mais en tout cas ils parlaient allemand.

Et au retour dans le baraquement ? Était-ce toujours le kapo...

Non ! Le kapo c'était fini. L'organisation concentrationnaire était double. Il y avait l'organisation du travail, et l'organisation du camp. Tout cela assuré par les déportés eux-mêmes. Le travail était réparti en commandos plus ou moins importants.

Dans le mien, nous étions très nombreux. Sûrement plusieurs centaines. Le chef du commando était un kapo. Le chef de tous les kapos, de tous les commandos, déporté lui aussi, était l'*Arbeitälteste*, le responsable du travail. Un gros type, allemand, une véritable brute. Il était habillé de noir et avait un triangle rouge. C'était un politique. Au même titre que le chef de camp, le *Lagerälteste*, une horrible brute lui aussi. Déporté politique au triangle rouge, il avait sous ses ordres les chefs de bloc, qu'on appelait les *Blockälteste*.

Il y avait donc une double organisation, de structure pyramidale. Chaque hiérarchie était indépendante en théorie. Ils devaient tellement bien s'entendre entre eux qu'à l'extrémité de notre baraquement, une porte donnait dans une autre partie du bloc, plus petite, dans laquelle couchaient le chef de bloc et les kapos. Nos châlits à trois étages étaient dans la partie centrale de la baraque.

De quelles nationalités étaient les kapos que vous avez connus ?

Il y avait des Allemands, des Polonais...

En tant que prisonnier, aviez-vous des relations avec d'autres « triangles », des politiques, des droits communs ou d'autres ?

À titre personnel, je me réfugiais dans mes rêves. C'est un raccourci bien sûr, pas tout à fait exact, mais je dis souvent que pendant presque deux ans, je n'ai pas parlé. Je n'avais pratiquement aucune relation avec les autres déportés. Mes rêves me suffisaient et je vivais dans un mutisme presque total.

Je me souviens pourtant d'une fois où j'avais discuté avec un type qui avait un triangle vert, un droit commun. Il m'avait expliqué comment il faisait pour fracturer les portes. Avec le pied-de-biche, il ne forçait jamais du côté de la serrure mais de l'autre côté. Il ouvrait les portes comme cela, du côté des gonds, quand il faisait un cambriolage. J'avoue que j'étais assez fasciné. Je pense qu'il aurait des difficultés, maintenant, avec les fermetures à plusieurs points ! Mais était-ce vrai ? Était-il, lui aussi, dans ses rêves ? C'est à peu près tout ! Je n'ai pratiquement pas eu de contact avec les autres détenus.

Y avait-il des Français dans votre commando ?

Oui, mais pas beaucoup. Il y avait beaucoup de Polonais, beaucoup d'Allemands, beaucoup de Hongrois. Ceux-ci sont venus après, en 1944. Des gitans sont arrivés aussi mais ne sont pas restés longtemps.

Et y avait-il des sentiments communautaires parmi ces prisonniers ? Se regroupaient-ils en fonction des nationalités ?

Certains, comme Primo Levi, qui était dans le même camp que moi, ont dit que oui. Mais moi je ne peux pas dire cela, je ne sais pas ; restant toujours seul, je n'ai eu aucun contact avec des déportés venant de France.

Vous n'avez pas éprouvé de sentiment de « solidarité » ?

Quasiment aucun. Une fois pourtant, un déporté m'a donné de la poudre de tabac qu'il a répartie sur un morceau de papier journal mouillé et roulé ensuite sur lui-même. Où l'avait-il « organisée » comme nous disions alors, je ne sais, pas plus que je ne sais où il avait trouvé l'allumette pour allumer cet ersatz de cigarette. Mais ce que je sais, c'est qu'après avoir beaucoup toussé, ma faim, pour un court instant, fut apaisée. C'est la seule fois où j'ai fumé du tabac à priser !

Vous avez donc plutôt conservé le sentiment d'une solitude absolue ?

Oui, sauf une autre fois où un déporté a eu, à mon égard, un acte de solidarité et m'a peut-être sauvé la vie. C'était un dimanche après-midi, nous n'allions pas travailler. Ce qui était, tout de même, assez incroyable ! Le dimanche après-midi, nous n'allions pas travailler malgré leur besoin de main-d'œuvre !

Le bloc 10 dans lequel je couchais était très proche des deux blocs qui servaient de KB, de *Krankenbau*, d'infirmerie. Nous étions séparés de ces deux blocs par des fils de fer barbelés, non électrifiés ceux-là. J'étais d'un côté du grillage et de l'autre se tenait un déporté avec une blouse sale, blanche initialement. Il m'a demandé mon âge en allemand. Je lui ai répondu comme j'ai pu, dans la même langue : dix-sept ans. Quand il s'est rendu compte que j'étais français, il m'a alors parlé dans ma langue et m'a demandé mon numéro matricule et le numéro de mon bloc.

Je ne sais plus très bien comment ça s'est passé, j'ai complètement occulté ce moment, mais je me suis retrouvé le lendemain matin au KB. Est-ce que le chef de bloc m'a appelé ? Je n'en sais rien, je ne m'en souviens pas. Je me suis retrouvé à l'infirmerie et ce médecin, car c'était un médecin, m'a gardé à peu près huit jours alors que je n'avais rien sinon une grande fatigue.

Ça m'a fait un bien fou : plus besoin de se lever aux aurores, plus besoin d'aller travailler à la Buna. Je marchais librement dans l'« infirmerie » et, sitôt qu'un SS arrivait, je m'allongeais sur le lit le plus proche, même s'il était déjà occupé par un vrai malade celui-là ! Ce médecin était le docteur Robert Waitz, un homme formidable qui résistait à sa manière : il a accompli pour d'autres morts vivants ce qu'il a fait ce jour-là pour moi.

Il est devenu ensuite le doyen de la faculté de médecine de Strasbourg. C'était un médecin de grande qualité. Un humaniste. Il m'a sauvé la vie, pourtant je ne suis jamais allé le voir après lorsque lui et moi avons été libérés. C'est certainement un de mes plus grands regrets. Mais je n'osais pas y aller de peur de réveiller chez lui les mauvais souvenirs ou peut-être parce que c'était le moment où, de mon côté, je ne voulais plus en parler.

Ne pas être allé le remercier comme il le méritait fut une espèce de lâcheté de ma part. Peut-être était-ce un refus de vivre à nouveau par le souvenir tout ce que j'avais subi. Cette lâcheté, je ne me la pardonnerai jamais, elle restera jusqu'à la fin de ma vie un poids sur ma conscience.

Ce fut votre seul séjour à l'infirmerie ?

Oui, le seul, ai-je envie spontanément de dire. Pourtant je me souviens y être resté quelques jours lors d'une dysenterie. Mais je n'ai pas conservé d'images claires de cet épisode.

Vous avez évoqué la « pause » constituée par les dimanches. Que faisiez-vous alors ?

Nous déambulions dans le camp. Il y avait quelques « distractions » pour ne jamais relâcher la pression de l'entreprise de déshumanisation.

Certains dimanches, il y avait la visite des « musulmans ». Je n'ai jamais su pourquoi les SS appelaient ainsi ceux qu'ils estimaient inaptes au travail. Est-ce parce que, l'estomac vide, nous marchions courbés en deux comme des musulmans en prière ? Et parce que ceux qui n'en pouvaient plus, davantage courbés que les autres, évoquaient les longues processions des musulmans à La Mecque ? Je ne sais pas, mais c'est ainsi qu'ils appelaient cette « sélection ».

On passait devant un SS assis sur une chaise à l'extérieur de la cabane. Nous étions torse nu, et malgré mon état d'épuisement, il fallait que je paraisse encore costaud, ou du moins suffisamment fort pour pouvoir travailler encore. Alors j'essayais de gonfler mes pectoraux pour montrer que j'en avais encore. Avec sa badine, son stick de cavalier, le SS poussait d'un côté tous ceux qu'il considérait comme inaptes au travail, et laissait passer les autres. Ceux qui étaient mis de côté et montaient dans le camion, je savais très bien où ils allaient être conduits. Tout le monde le savait.

Eux aussi. Cela me semble maintenant incroyable, mais je ne percevais, dans leur regard déjà mort, qu'une espèce de résignation, peut-être même un certain soulagement de savoir que tout allait bientôt finir !

Il y avait aussi l'inspection des poux. Quand un pou démange, on tape dessus pour l'écraser. Le pou écrasé laisse une tache de sang rouge frais, le nôtre qu'il vient d'aspirer et peut-être le sien aussi.

On passait devant un SS en lui montrant l'envers de la loque qui nous servait de chemise, et lui, avec sa badine, en écartait les plis. Parfois, lorsqu'il décelait une tache de sang rouge frais, le déporté était poussé de côté. Et puis il y avait les pendaisons, certains dimanches. Tous ceux qui essayaient de s'évader, par exemple, étaient pendus.

Vous étiez obligés d'assister à ces exécutions ?

Oui, tous les déportés étaient rassemblés sur la place au fond de laquelle se dressaient les sinistres gibets.

Je me souviens de la dernière pendaison. C'était au mois de novembre ou décembre 1944, on entendait déjà les canons venant du front russe. Primo Levi raconte la même histoire. Mais il ne décrit qu'un seul gibet. Dans ma mémoire, il y en avait trois. J'ai eu l'impression d'être au mont des Oliviers, une espèce de flash comme ça, avec Jésus et les deux larrons, eux en train de se faire crucifier et les autres de se faire pendre. Je conserve cette image précise.

Les pendaisons avaient lieu sur des gibets comme on en voit parfois dans les bandes dessinées. Le bourreau mettait le nœud coulant de la corde autour du cou des suppliciés placés debout sur une trappe. Les suppliciés restaient avec cette corde au cou, attendant la venue du commandant, une minute, deux minutes, dix minutes peut-être, ça me paraissait tellement long ! Quand le commandant arrivait, il se tournait vers nous, jambes écartées, bien campé dans ses bottes brillantes, nous regardait d'un air dominateur. Il caressait parfois son chien puisqu'il avait pour lui plus d'importance que nous, puis il se retournait d'un seul coup, poussait un cri qui était un ordre, les bourreaux tiraient sur une corde ouvrant la trappe. Le pauvre malheureux tombait dans le vide. Le commandant se retournait alors vers nous, souriait : pensez, il venait de tuer un juif !

Ce jour-là, avant que le commandant n'arrive, un des trois a crié en allemand : « Courage frères, nous sommes les derniers. » Primo a raconté cette macabre anecdote dans son bouquin, *Si c'est un homme*.

« Courage frères, nous sommes les derniers. » Cette phrase m'a poursuivi longtemps. C'est une grande leçon de courage. Je trouve en effet admirable qu'un homme, conscient de sa mort imminente, donne ses derniers moments de vie aux autres, pour leur insuffler le courage de tenir, tenir encore un peu.

Après ces exécutions, nous devions passer devant les suppliciés qui restaient ainsi de longues heures suspendus dans le vide. Or un pendu, ça tire souvent la langue, et j'avais l'impression que de là où il était, il tirait la langue à son bourreau en se moquant de lui !

D'après tous les témoignages, la faim était vraiment une souffrance terrible, une véritable obsession. Henri Borlant, un rescapé qui a souvent témoigné, auprès des jeunes notamment, l'évoque en ces termes : « La faim c'est quelque chose qui vous envahit totalement, on n'a pas de pensées, on n'est pas malheureux, on est affamés... » La faim, dit un personnage dans le livre de Tadeus Borowski consacré à Auschwitz (Le Monde de pierre), « c'est quand un être humain regarde un autre être humain en se disant que c'est quelque chose de comestible ». Quel souvenir avez-vous gardé de cette faim qui, avec la soif, obsédait le quotidien des déportés ?

Pour moi, c'était très curieux. J'ai souffert beaucoup de la faim, comme les copains. Mais je m'y suis habitué. Je m'y suis habitué grâce aux rêves diurnes où je me voyais dévorer pour soulager ma faim. C'est de rêves à l'état de veille dont je parle, d'imaginaire conscient et non de rêves nocturnes.

La nourriture dont je rêvais se limitait à deux choses : le hachis Parmentier et le café au lait, pain beurre. Le hachis Parmentier parce que ma mère, qui cuisinait merveilleusement bien, faisait un délicieux hachis Parmentier. Depuis, je n'ai jamais retrouvé cette saveur, ce même goût indéfinissable dans aucun hachis Parmentier que je pourchasse pourtant dans tous les bistrots de Paris ! D'abord parce que c'était celui de ma mère, ensuite parce qu'il n'existe, peut-être, que dans mon imaginaire ! Je songeais aussi souvent au café au lait, pain beurre, parce que c'était mon petit déjeuner habituel.

Chaque fois que j'avais trop faim, ce qui arrivait souvent, je me réfugiais dans cet imaginaire-là. Et je mangeais avec une telle concentration psychique, avec une telle conviction que j'en sentais l'odeur et que ça soulageait ma faim. Du moins, j'en avais l'impression et c'était là l'essentiel. Lorsque je repense à tout cela, je mesure la force de la pensée et son influence sur le corps.

Mes repas imaginaires arrivaient à soulager provisoirement cette sensation douloureuse. C'est étonnant, car la faim est une tenaille qui vous tord l'estomac, c'est une pieuvre qui vous dévore de l'intérieur.

Quelles étaient les conditions matérielles dans lesquelles vous passiez les nuits ?

On dormait sur des châlits à trois étages, sur des paillasses avec une mauvaise couverture pleine de trous et de vermine. Les conditions matérielles étaient très précaires... C'est le moins qu'on puisse dire !

Et vous arriviez tout de même à dormir ?

Oui, curieusement. J'étais tellement fatigué ! Ce qui est étonnant c'est que, fin 1944, quand les Hongrois et les Tziganes sont arrivés au camp (très vite, je n'ai plus revu les Tziganes), on était si nombreux à Buna-Monowitz qu'on s'est retrouvés à cinq par niveau. Il y avait tellement de monde dans le camp ! Ça n'a duré que quelques jours mais j'arrivais tout de même à dormir.

Avez-vous souffert fréquemment, en dehors des maladies, de coups, de violences, de brimades ?

Fréquemment, non. J'ai eu la chance de ne pas recevoir la schlague, c'est-à-dire la série de coups sur les fesses et les reins avec la matraque en caoutchouc. C'était un gros tuyau qui servait sûrement à faire passer du courant haute tension car il y avait encore à l'intérieur un gros fil métallique. Ils tapaient avec ça. J'ai eu la chance de ne jamais recevoir de volées de coups avec cette arme, car c'était une véritable arme même si elle ne tirait pas de balles ! Dix, vingt, trente, cinquante coups que le supplicié devait compter à haute voix et en allemand. Souvent, les pauvres gars n'arrivaient pas à compter jusqu'au bout et perdaient connaissance avant. Oui, bien sûr, j'ai reçu des coups, mais heureusement pour moi, pas ceux-là !

Ces coups étaient distribués par les kapos ?

Par les kapos, par l'*Arbeitälteste* en particulier.

Était-il possible de songer à une évasion ou de rêver à une forme de résistance dans ces conditions ?

Non, jamais je n'ai songé à m'évader. Il me paraissait impossible de pouvoir mener à bien une telle entreprise.
J'étais dans un environnement hostile, le milieu polonais, et je ne parlais pas la langue. Il eût fallu se procurer une perruque pour cacher mon crâne tondu. Il

eût fallu avoir des vêtements civils, des complicités extérieures. Je n'avais rien de tout cela.

Tous ceux qui ont essayé de s'évader de Buna-Monowitz, à ma connaissance, n'ont pas réussi. Ils étaient inexorablement repris et, après avoir été torturés, ils étaient pendus.

Aviez-vous conscience d'une certaine hostilité de la population extérieure ?

Pas du tout. Comment aurais-je pu avoir cette conscience ? je n'avais aucun contact avec elle. Mais je le supputais, connaissant le peu de tendresse qu'avaient les Polonais pour les juifs.

Beaucoup racontent en effet qu'un antisémitisme assez virulent perdurait dans l'environnement extérieur aux camps et que ceux qui auraient pu s'échapper auraient sans doute été dénoncés par les civils polonais des environs... Le film de Claude

Lanzmann, Shoah, *laisse peu de doutes sur l'antisémitisme ancien mais aussi contemporain de certains villageois...*

Mon seul contact avec l'environnement civil était celui que j'avais avec les contremaîtres. Je n'ai jamais eu à me plaindre directement d'eux mais je n'ai jamais rencontré non plus de regards compatissants.

Je me souviens d'un événement qui m'a beaucoup marqué. Un jour, dans les premières semaines de mon arrivée au camp, j'ai été affecté, avec une trentaine de déportés de mon commando, à la construction d'un mur en béton qui entourait un grand carré de cinq ou six mètres de côté. Les murs eux-mêmes étaient très épais, peut-être un mètre. Nous étions sur des échafaudages assez hauts et le béton arrivait à notre hauteur, par petits tas, sur une bande sans fin qui roulait. Nous devions tasser le béton dans la fosse délimitée par des planches en bois. Deux déportés, peut-être trop fatigués ou mourants, sont tombés dans le béton. Le contremaître civil a demandé d'arrêter tout de suite la machine pour sortir les deux malheureux, mais le SS qui était là a ordonné de continuer et le béton peu à peu a recouvert leurs corps. Le civil avait eu une réaction humaine normale en voulant arrêter la machine pour sauver les deux gars.

« De temps en temps, on sentait des odeurs terribles », raconte un témoin, et Jorge Semprun déclare dans un entretien : « Ce qui définit le camp, c'est l'odeur des fours crématoires... » Avez-vous aussi été frappé par ces odeurs particulières ?

Oui, il y avait des odeurs mais pas les odeurs des fours crématoires qui, j'imagine, étaient des odeurs de chairs brûlées. Il n'y avait pas de telles odeurs puisqu'il n'y avait pas de four crématoire à Auschwitz-Monowitz. Nous étions à plusieurs kilomètres des chambres à gaz et des cheminées des crématoires. En revanche, je me souviens de l'odeur du camp lui-même – une odeur de crasse, âcre et tenace. Ça sentait très mauvais et seul le vent chassait parfois cette odeur.

Une chose m'a beaucoup frappé là-bas : je n'ai pas vu un oiseau. Comme j'aime les oiseaux, si j'en avais vu, je crois que je m'en serais souvenu. L'ambiance de la mort était peut-être insupportable pour eux aussi. C'est curieux tout de même.

Ce que vous décrivez est un univers de souffrance où l'humain est nié dans l'homme, où le respect, la compassion, l'empathie, la dignité sont radicalement écrasés. Dans cet univers tragique, avez-vous connu un moment de désespoir absolu, d'abandon ?

Le désespoir, jamais je ne l'ai ressenti dans sa forme définitive, absolue. Sauf le dernier jour. Le dernier jour, j'ai appelé la mort. C'était à la fin de la « marche de la mort », nous en reparlerons.

Au camp, je n'ai jamais eu le désir de mourir. Je n'ai jamais eu de désespérance. Jamais. J'étais sans doute persuadé, au fond de moi, que je m'en sortirais.

Souvent, les enfants des écoles me demandent ce qui m'a permis de vivre à Buna, ou plutôt de survivre. Je réponds alors qu'en ce qui me concerne, j'identifie trois facteurs.

Tout d'abord la chance, mais ce facteur n'est pas quantifiable.

Ensuite l'imaginaire, qui permettait une évasion relative mais salutaire dans un monde irréel mais plus humain.

Enfin l'espérance, qu'il ne faut pas confondre avec l'espoir. L'espoir, c'est à court terme : on a l'espoir de bien manger quand on a faim, de bien dormir quand on a sommeil. Alors que l'espérance, c'est autre chose. Un philosophe a dit que l'espérance est au féminin, tandis que l'espoir est masculin, et, étant au féminin, elle est capable de créer une heure de plus, comme une femme est capable de donner la vie. L'heure ainsi gagnée s'ajoute à une autre heure et toutes ces heures finissent par faire des jours, ces jours des semaines et ces semaines des mois. Au camp, jamais cette espérance ne m'a quitté.

Y a-t-il une limite à cette espérance ? Probablement puisque le dernier jour j'ai voulu mourir. Je n'en pouvais plus.

Lorsque vous étiez confronté aux « musulmans », à des gens qui avaient abandonné cette « espérance », ce désir de vivre, quel était alors votre sentiment ?

Quand je voyais ces déportés partir sur les camions, j'avais un sentiment de révolte, qui n'était pas de la désespérance. Un sentiment de révolte parce que je savais qu'ils partaient vers une mort certaine. Ils partaient dans des camions et eux aussi savaient où ils allaient. Il y avait une espèce d'acceptation dans leurs regards. Comme je vous l'ai déjà dit, je me souviens surtout d'une espèce de passivité devant ce qu'ils ne pouvaient pas empêcher. Une infinie résignation, un calme absolu et peut-être même, chez certains, un soulagement.

C'est parfois ce qui surprend les plus jeunes et cela fait souvent l'objet de questions un peu naïves : ils se demandent comment des gens promis à une mort annoncée ne se révoltaient pas et ne tentaient pas, dans un dernier geste désespéré, de se rebeller ?

Avec le recul du temps, je pense, en effet, qu'on vivait une espèce de fatalité. Comme si l'inexorable roue du destin ne pouvait être freinée et nous broyait. On n'avait plus de ressources physiques et psychiques, notre estomac était trop vide. Un philosophe n'a-t-il pas dit que pour se libérer de telles situations, il faut avoir le ventre plein ?

Et la mort peut même alors apparaître comme une sorte de délivrance ?

Bien sûr et c'est pour cela que le dernier jour, j'avais choisi la mort. Comme une délivrance.

Certains « musulmans » se disaient peut-être que leur délivrance était arrivée. Mais ce n'était pas toujours cela, il y avait plutôt comme une espèce de fatalité, d'abandon, de résignation dans leurs regards. Lorsqu'on arrive à un état de misère physiologique telle qu'on pèse si peu, on ne pèse même plus ses sentiments. Ils sont aussi minces, aussi faibles, aussi rachitiques que le corps peut l'être.

D'une certaine façon, le psychique sombre avec le physique, la pulsion de vie s'épuise...

Je crois. Il y a un moment où effectivement la misère physiologique, l'abandon du corps, a son reflet dans l'abandon de l'esprit, dans l'abandon de la pensée même.

Charlotte Delbo disait que, là-bas, on ne pouvait même pas penser. Si on ne pouvait pas penser, je n'aurais pas pu être dans mon imaginaire qui me permettait de m'évader régulièrement. De ce point de vue, je crois que nous n'avons pas eu la même expérience. Ou plutôt, s'il y a un moment où la misère physiologique est telle que l'on ne peut même plus penser, même plus réagir, c'est que ce stade, je ne l'avais pas totalement atteint ! La pensée n'a pas totalement sombré en moi avant les derniers jours...

Roger Perelman, un rescapé lui aussi, explique que, pour lui, penser, c'était souffrir, parce que penser, c'était aussi se souvenir des choses du passé. Il essayait par moments de fuir la pensée, parce que chaque pensée le raccrochait à une vie passée et la comparaison avec le présent accroissait la souffrance... On peut comprendre aussi cette démarche... Le désir d'annihiler en soi la conscience parce qu'elle est douloureuse, le désir d'être une pierre en quelque sorte...

Complètement. Ça dépend de l'objet de la pensée. Si la pensée se réduit au souvenir, elle peut conduire à la désespérance.

Je comprends très bien ce que veut dire Perelman et à certains égards, il a raison, bien sûr. Je vais utiliser un néologisme : la pensée « ruminative », celle qui fait ruminer ce qui fut et n'est plus – l'être qu'on aime mais disparu par exemple – génère évidemment une douleur immense. La nostalgie peut conduire au désespoir.

Mais il y a aussi une pensée positive, purement construite, abstraite, imaginative même si elle est fondée sur des personnages réels.

Y avait-il d'autres facteurs de survie d'après vous ? Certains évoquent leur foi ou leurs convictions par exemple...

Non, je ne crois pas. Peut-être que certains ont réussi à survivre grâce à leur croyance en Dieu. Peut-être, car certains croyaient encore en Dieu et ont cru en Dieu même après...

Pour moi, Dieu est mort à Auschwitz, comme l'a écrit un philosophe allemand, mais, pour d'autres, ce n'était probablement pas le cas.

Peut-être que cette croyance permettait de se raccrocher à quelque chose. Ce que moi j'appelle l'espérance, c'était sans doute la forme que prenait leur espérance à eux.

La connaissance de l'allemand est parfois mentionnée comme un facteur important de survie, par Primo Levi entre autres. Il fallait comprendre les ordres, communiquer pour s'en sortir, explique-t-il dans Si c'est un homme. *Comment vous en sortiez-vous et quelles connaissances aviez-vous dans ce domaine ?*

Je n'avais pas étudié l'allemand. Je ne sais pas du tout comment j'ai réussi à comprendre. Je suis incapable de vous le dire.

Je recevais relativement peu d'ordres. Il y avait des coups de sirène et on allait sur la place, on allait travailler... On me disait très peu de chose en allemand.

Comme je n'avais pas de relations avec les autres, ne pas comprendre l'allemand ne m'a pas trop gêné.

Certains mentionnent aussi l'hygiène comme facteur de survie... Dans Si c'est un homme, *un personnage nommé Steinlauf explique à Primo Levi que la toilette est importante, car entretenir son corps, au-delà de l'aspect hygiénique, c'est conserver une certaine dignité, une certaine humanité. Avez-vous éprouvé un sentiment semblable ?*

Complètement. Oui, oui, je peux dire que j'ai tout fait pour être propre, dans la mesure du possible. Évidemment, j'étais sale comme tout le monde. Il n'y avait pas de savon, pas de serviettes non plus. J'ai tout fait pour essayer d'être propre avec le peu d'eau qu'on pouvait recueillir dans cette grande vasque autour de laquelle nous étions agglutinés le matin. Un mince filet d'eau, souvent glacée, coulait au milieu. Oui, j'ai essayé d'être le plus propre ou le moins sale possible. Primo a raison.

Est-ce qu'il vous est arrivé de ressentir de la haine, du mépris, un sentiment de révolte ? Aviez-vous même des rêves de vengeance à l'égard des responsables de ces morts quand vous étiez là-bas ?

Curieusement, jamais.

Comment expliquez-vous cela ? Il peut paraître en effet assez naturel d'en vouloir à ses bourreaux et de passer, au moins mentalement, par un désir de vengeance immédiat...

Je ne sais pas. Peut-être est-ce l'éducation que m'a donnée mon père. Je n'ai jamais connu la haine.
Le désir de revanche, de vengeance, ne m'a pas effleuré, même là-bas. Je n'avais pas de haine, même pour mes bourreaux. Qu'avais-je pour eux ? Peut-être du mépris.

Oui, c'est plutôt cela, du mépris, mais de la haine au sens positif, positif en tant que sentiment fort, je n'en ai jamais eu. Même maintenant, c'est un sentiment que je ne connais pas.

Le Mahatma Gandhi, que j'admire beaucoup, a dit : « Si tu rends œil pour œil, le monde deviendra aveugle. » Je voudrais, quant à moi, dessiller les yeux des hommes plutôt qu'augmenter leur cécité ou leur indifférence devant les injustices.

La vengeance, lorsqu'elle est assouvie, ne donne aucune satisfaction, aucune plénitude, aucun calme, bien au contraire. Se rajouterait alors, à la douleur inconsolable de l'assassinat de mes parents et de ma petite sœur, l'impression d'avoir commis la même action inhumaine, la même action de « déshumain » qui fut celle des bourreaux. Sentiment dont je n'aurais pas été très fier.

*C'est ce qu'écrit aussi un autre déporté, Joseph Bialot (*C'est en hiver que les jours rallongent), *après avoir évoqué un réflexe* *vengeur premier : « Je me suis souvent demandé si nous, les survivants, n'avions pas failli à notre retour. J'ai pensé que nous aurions dû devenir des tueurs. Pour chaque mort, il fallait un mort, pour chaque enfant tué, un enfant tué, pour chaque torturé, un torturé, pour chaque désespoir, un désespoir. Le prix à payer pour pouvoir, peut-être, dormir sans rêves. Mais si nous l'avions fait, nous assurions la victoire des SS. Nous devenions comme eux. »*

Je suis tout à fait d'accord avec cette dernière réflexion : nous serions, à notre tour, devenus des bourreaux et aurions perdu notre humanité.

Les nazis voulaient nous enlever notre humanité pour que nous devenions des « déshumains ». Si j'avais dû avoir un sentiment de haine pour les SS, si j'avais dû vivre le retour dans cet état permanent (comme certains, malheureusement), de rancœur, de revanche, de vengeance, le vainqueur eût été le bourreau.

Je pense, de façon peut-être un peu présomptueuse, qu'en ce qui me concerne, malgré tout ce qu'ils m'ont infligé, je suis sorti vainqueur de cette effroyable épreuve. Avec moi, les bourreaux ont perdu.

Avez-vous le sentiment que l'expérience extrême vécue dans les camps apprend quelque chose sur la nature humaine ? Est-ce qu'elle peut avoir une valeur anthropologique ?

Bien sûr. Nous ne sommes jamais indemnes du passé.

Notre avenir s'écrit avec ce que nous avons vécu, c'est-à-dire que nous deviendrons et serons façonnés, en quelque sorte, à l'image du passé, imprégnés par sa présence parfois obsédante. Ce peut être négatif. Certains anciens déportés vivent encore comme s'ils étaient toujours dans le camp. Ils vivent encore tout ce qu'ils ont subi, le vivent et le revivent, au point qu'ils ressassent sans arrêt le temps passé là-bas, avec tout le danger psychologique que cela peut représenter pour leurs enfants. Ils ressassent et racontent à leur famille, à leurs amis, entre eux lorsqu'ils se retrouvent. Ceux-là, je les plains beaucoup plus que je ne les blâme, car peut-on vivre heureux dans ces conditions ? Peut-on tout simplement vivre lorsque nos souvenirs sont parasités par un tel passé ? Ceux qui demeurent dans la haine permanente ou le ressassement sont toujours dans le camp.

D'autres, dont je veux faire partie, peuvent dire qu'ils ont appris des choses là-bas. Malheureusement, cet enseignement-là n'est pas mesurable. Comme je le dis en plaisantant aux enfants : « Pour pouvoir mesurer exactement ce que j'ai appris là-bas, il faudrait que je vive deux fois ! Une fois avec Auschwitz et une fois sans et que je compare ! »

Mais je sais au moins que j'ai appris la tolérance, le respect de l'autre, la valeur de la vie, l'espérance. J'ai appris que la vie, cadeau inestimable, ne doit pas être gâchée et que les êtres humains doivent tout faire pour la réussir.

J'ai appris que réussir sa vie, ce n'est pas courir après la possession, rechercher à tout prix le pouvoir, car la recherche du pouvoir n'est jamais satisfaite : elle est inépuisable et épuisante !

J'ai appris que réussir sa vie, c'est pouvoir en faire, le moment venu, le bilan et constater qu'il est positif : avoir accompli plus d'actions dont on puisse être fier que d'actes que l'on puisse regretter.

J'ai appris aussi, dans ma chair, l'horreur du racisme et de l'antisémitisme. J'ai appris l'injustice du rejet de l'autre du fait de son apparence extérieure. J'ai appris à respecter la dignité de tout être humain, serait-il mon plus grand ennemi. J'ai appris, comme l'a dit Gandhi, que « chaque être humain est ombre et lumière » et qu'on est tous capables, un jour, si nous n'y prenons garde, de devenir le bourreau d'un autre, dans le cadre de sa famille ou de sa vie socioprofessionnelle...

J'aurais préféré apprendre tout cela autrement, évidemment, car la douleur n'est pas rédemptrice ! Bien sûr que non ! Du moins je ne le pense pas. Mais puisque cette douleur m'a été imposée, j'ai essayé d'en faire quelque chose et d'en retirer un enseignement. J'ai essayé, dans ma vie, d'être en accord avec ce qu'avait dit Sartre : « On ne te demande pas ce qu'on t'a fait, mais ce que tu as fait avec ce qu'on t'a fait... »

III

Marche de la mort, libération et retour en France

« Je sors d'Auschwitz et je n'éprouve aucune euphorie, seulement un dégoût immense tempéré par un sentiment confus de triomphe. J'ai gagné la guerre. Je vis. C'est tout.

[...] Être libéré ne signifie pas être libre. »

Joseph Bialot,
C'est en hiver que les jours rallongent

« Défaire sans relâche le non-sens instauré par la terreur, c'est en cela que consiste le travail de la parole, et avant tout, de la parole testimoniale. »

Régine Waintrater,
Sortir du génocide

Nous allons maintenant nous tourner vers l'année 1945 et préciser les circonstances de votre « libération ». Dans quelles conditions avez-vous vécu les dernières semaines avant l'évacuation du camp d'Auschwitz, en janvier 1945 ?

Mon premier souvenir de cette période, du moins celui qui est toujours resté très présent, actuel même, et éveille des sentiments très forts, c'est le bruit des canons. Le front russo-allemand se rapprochait de la Haute-Silésie où était implanté Auschwitz et j'entendais les explosions.

Ces canons étaient-ils russes ou allemands ? Probablement les deux, mais pour moi ils ne pouvaient être que russes et leurs détonations de plus en plus fortes symbolisaient ma libération prochaine. Les forces allemandes me semblaient tellement affaiblies que les obus ne pouvaient être, dans ma logique, que des obus des armées alliées. Je les ai entendus, je crois, à partir du mois de novembre, peut-être même d'octobre. Mais je suis incapable de situer cela très précisément dans le temps.

Ce dont je me souviens, en revanche, c'est que, lorsque le vent soufflait dans notre direction, j'avais l'impression que le front se rapprochait du camp et que ma délivrance était proche. Mais lorsque le vent tournait, le bruit des canons étant plus faible, le front me semblait reculer et le moment de ma libération s'éloigner. C'était alors assez désespérant et le moral en prenait un rude coup.

À partir de ce moment-là, il n'y a plus eu de pendaisons. Il n'y a plus eu d'actions très violentes de la part des SS, très violentes au point de tuer sous les coups, par exemple. Auparavant, tuer un déporté, surtout juif, semblait pour eux d'une grande banalité. Si les SS étaient un peu plus calmes, les kapos, en revanche, exerçaient leur cruauté comme par le passé.

Un de ces meurtres me revient fréquemment en mémoire. Il se déroula quelque temps avant que j'entende les canons russes. Dans une allée du camp, un déporté avait croisé deux SS. Il n'avait pas fait *Mützen ab* comme nous devions le faire devant eux, en enlevant notre béret et en nous mettant presque au garde-à-vous. Il avait gardé son béret sur sa tête. Pour nos gardiens, il commettait un « crime de lèse-majesté » alors qu'il était peut-être trop fatigué pour se rendre compte de leur présence. Toujours est-il qu'il n'avait pas fait *Mützen ab*. Sans aboyer, comme ils avaient l'habitude de le faire, ils lui ont demandé son béret, l'ont jeté dans l'allée et lui ont donné l'ordre d'aller le rechercher. Le pauvre type s'est retourné pour se diriger vers son béret et les deux SS, calmement, en parlant peut-être encore de la pluie et du beau temps ou des détails de leur dernier repas, ont dégainé leurs revolvers et l'ont assassiné. Puis ils sont partis avec autant d'indifférence que celle qu'ils avaient, quelques minutes auparavant, en arpentant l'allée. Pour eux, ils n'avaient fait aucun mal, ils n'avaient fait que tuer un juif ! Ce n'était pas un crime de tuer un juif, puisqu'ils étaient là pour cela ! Un juif n'était pas un être humain !

À l'intérieur du camp ou à l'usine, je n'ai plus été témoin d'actions aussi barbares dans les derniers jours de l'année 1944. Mais j'en ai vu bien d'autres après.

Je me suis rendu compte aussi qu'il régnait, parmi les SS, comme une espèce de désorganisation. Ils avaient perdu leurs regards réjouis et conquérants. Ils me paraissaient plus jeunes aussi. Ils n'étaient pas devenus des anges gardiens, loin de là, mais j'avais l'impression qu'il se passait quelque chose de néfaste pour eux.

Disposiez-vous alors d'informations sur le déroulement de la guerre et l'évolution du front ou bien étiez-vous dans le flou le plus total ?

J'étais dans un flou relatif. J'avais appris le débarquement en France du mois de juin bien plus tard, en octobre peut-être ou en novembre.
Je vous rappelle que je ne parlais pas l'allemand, n'étais en contact avec personne et étais encore bien jeune ! Je ne savais rien des détails de la guerre, ni du début de la déroute allemande.

Dans quel état physique et moral étiez-vous à ce moment-là ?

Au point de vue physique, je n'étais pas plus fatigué qu'avant. Il y avait toujours les appels interminables, le froid intense, la faim tenaillante. J'étais toujours dans le commando 55 et allais immanquablement travailler à la Buna de l'IG Farben.

Bien sûr, je n'étais pas dans une forme olympique, mais psychologiquement, je me sentais mieux : j'entendais les canons. Ils alimentaient mon espérance. Je pensais ma libération prochaine et je rêvais de ce moment. Le bruit des détonations semblait battre la mesure du temps et du peu de jours qui restaient avant qu'un soldat russe ouvre les portes du camp.

La « désorganisation » du camp dont vous parliez précédemment permettait-elle, selon vous, une amélioration des conditions de vie pour le prisonnier ?

Aucunement ! On travaillait de la même façon, on se levait aux mêmes heures, on mangeait de la même façon. J'avais l'impression – impression totalement subjective – qu'il y avait comme une espèce de relative désorganisation. C'était une sensation assez subtile et impalpable plutôt qu'une certitude.

L'évacuation du camp d'Auschwitz fut-elle, selon vous, improvisée ou préparée les jours précédents ?

Était-elle improvisée ou préparée de longue date ? Je ne sais pas du tout, je ne peux pas répondre à cette question, mais les nazis croyaient tellement en la victoire finale qu'il me paraît peu probable qu'ils aient préparé notre évacuation longtemps à l'avance.

Vous vous souvenez de la date de cette évacuation ?

Je pense que c'était le 17 janvier 1945 ! Primo Levi donne cette date, je crois, mais j'ai longtemps cru que c'était le 18. Ça s'est passé brusquement. D'un seul coup, nous avons tous été regroupés sur la place...
Il me semble que c'était en fin de journée. Mais je ne peux pas l'affirmer. J'ai vécu toute cette période de façon très bizarre. Comme un automate. On me

disait de me lever, je me levais. Il fallait se réunir sur la place pour l'appel, j'y allais. On me donnait ma ration de soupe et je tendais ma gamelle. Il fallait creuser des tranchées, je levais ma pioche et le faisais. Mais l'automate que j'étais devenu avait ce jour-là perdu tous ses repères, temporels notamment.

Dans les cris et sous les coups, les SS et les kapos nous ont regroupés sur la place et, en colonnes par cinq, comme lorsque nous allions à l'usine, ils nous ont fait sortir du camp. Cette fois sans musique. Sans musique, pour la première fois, et, pour la première fois aussi, sans la présence brutale de l'*Arbeitälteste*.

Je me souviens très bien de ce départ et du moment où l'on a franchi ces portes pour la dernière fois, encadrés par les SS, les kapos et les chiens. Au départ, nous étions tous en rangs, puis très vite, la longue colonne de déportés s'est désintégrée. On marchait les uns contre les autres et les galoches à semelle de bois, qui traînaient par terre, faisaient comme une espèce de bourdonnement continu.

Saviez-vous que certains (comme Primo Levi par exemple) restaient dans le camp ?

Pas du tout, je ne l'ai appris que bien plus tard, en lisant son livre.

Dans quel état d'esprit êtes-vous alors ? La sortie provoquait-elle un regain d'espérance ou au contraire une inquiétude particulière ?

Me concernant ni l'un ni l'autre. Je n'étais ni plus inquiet ni plus rassuré, je marchais en avançant un pied, puis l'autre, comme une machine.

En revanche, ce qui m'a étonné, c'était le nombre de SS : ils me semblaient beaucoup plus nombreux que lorsque nous allions à l'usine. L'ensemble de la garnison était là, au grand complet. Les chiens étaient aussi très présents alors que d'habitude, lorsqu'on sortait du camp pour travailler, il n'y avait pas de chiens. Et, autre surprise, nous n'allions pas à l'usine, ils nous conduisaient ailleurs.

Étais-je angoissé ? Je ne peux pas le dire. Pour des raisons inexplicables, l'idée qu'ils pouvaient nous conduire vers les chambres à gaz ne m'a pas effleuré une seule fois. Quand je suis arrivé pour la première fois au camp, je ne savais pas ce qui m'attendait. Ce jour-là, j'en repartais, et je ne savais pas où j'allais. En revivant toutes ces journées avec le recul de plusieurs décennies, je me rends compte que je vivais alors comme un pantin désincarné, sans réaction. La seule flamme qui brûlait encore en moi, même si elle était bien faible, était celle de mon imaginaire.

Y avait-il un changement dans le comportement des SS qui vous encadraient ? Une violence plus grande ? Une inquiétude et une agitation ? Ou bien semblaient-ils maîtres de la situation ?

Je percevais une violence extrême, ils étaient beaucoup plus nerveux et féroces. Nous ne représentions rien à leurs yeux.

Il fallait marcher et tout leur était permis pour arriver à leurs fins.

Tous ceux qui ne pouvaient plus marcher et qui tombaient, quand nous avancions sur des chemins boueux ou enneigés, étaient tués d'un coup de revolver et laissés sur place au bord de la route. Les cadavres en habit rayé jalonnaient notre chemin. Je n'avais jamais vu tant d'hommes mourir à la fois. Je n'avais jamais vu un tel déchaînement de violence.

Nous marchions et les coups de revolver achevant les morts vivants trouaient le bourdonnement que faisaient nos galoches en traînant sur le sol. Au camp, nous servions à quelque chose. Par notre travail à l'usine, nous participions à l'effort de guerre nazi, même si notre efficacité était toute relative. Nous étions, bien sûr, des esclaves fort mal nourris, mais la SS gagnait de l'argent en louant nos services à l'IG Farben. Sur cette route boueuse ou sur ces chemins de terre, nous ne servions plus à rien. Il fallait seulement marcher. Poursuivre ou mourir.

Cette terrible « marche de la mort » a duré pour vous plusieurs semaines je crois... Quels sont les souvenirs qu'elle a laissés ?

Oh ! Très nombreux. Pour moi, la « marche de la mort » a duré longtemps puisque ma libération a eu lieu dans les premiers jours du mois de mai ! Du 18 janvier à début mai, près de quatre mois.

C'est bien long quatre mois d'enfer inimaginable. Ce n'est d'ailleurs pas un hasard si les historiens ont accolé à la marche le mot de mort, toujours présente. Elle était là, guettant ses futures victimes, et c'était presque sur sa faux que je m'appuyais pour continuer à marcher.

Mais nous n'avons pas seulement marché et encore marché. Parfois, nous étions entassés dans des trains, des wagons de marchandises où je pouvais au moins dormir.

Il s'est effectivement passé des choses épouvantables durant ces quatre mois.

Comment peut-on tuer des gens pour la seule raison qu'ils ne peuvent plus marcher ? Comment peut-on les laisser ainsi sur le bord de la route ? Ces morts ont jalonné les chemins, marquant notre passage, et ainsi, les historiens ont pu retracer les grandes migrations de déportés.

Au fur et à mesure que nous passions près d'autres camps, de longues colonnes se joignaient à la nôtre, et, de notre côté, nous laissions dans divers camps un certain nombre de nos compagnons. Tout était désorganisé et ce n'était plus l'ordre nazi, de sinistre réputation, cet ordre qui, à Wannsee, en janvier 1942, avait posé les bases de la « solution finale » : tuer à moindre coût et le plus rapidement possible un nombre toujours plus grand de juifs. Une population estimée à douze millions de juifs à éliminer en Europe, une fois la guerre gagnée !

Les longues colonnes de déportés en habits de bagnards, fuyant la progression de l'avance alliée, avançaient dans des directions diverses, le but étant de s'éloigner du front. Les SS nous menaient comme ils auraient mené des troupeaux, ne recevant plus, me semble-t-il, d'ordres de leur direction centrale. Très peu de déportés se sont retrouvés comme moi à Prague.

La grande majorité des colonnes a été dirigée vers des camps comme Bergen-Belsen ou Buchenwald où beaucoup de déportés ont été libérés par les Américains. La colonne dans laquelle j'étais est ignorée des historiens car elle ne figure pas dans le DVD édité par la Fondation pour la Mémoire de la Déportation qui retrace les différents itinéraires de cette marche forcée.

Je me souviens très précisément du début de la marche, lorsque nous avons quitté Buna-Monowitz. Selon certains historiens, nous aurions parcouru d'une seule traite soixante à quatre-vingts kilomètres. C'est possible, bien que cela paraisse incroyable. Mais tout alors était incroyable ! Ce dont je me souviens comme si c'était hier, c'est que je dormais en marchant ! C'est incroyable, et pourtant ce fut. Comment peut-on dormir en marchant ? Je suis devenu médecin, j'ai étudié la physiologie et je me le demande encore.

Au départ de Monowitz, nous étions des milliers, quatorze ou quinze mille peut-être, et nous étions d'autant plus nombreux que nous étions rejoints, comme je vous l'ai dit, par des colonnes venant d'autres camps. Tout se passait un petit peu comme lorsque l'on revient à Paris un dimanche soir. On ne sait pas pourquoi, mais les voitures roulent puis s'arrêtent avant de repartir, formant ainsi une espèce d'accordéon. Il en était de même dans notre colonne. Quand je me trouvais dans la partie la plus étroite de l'accordéon, là où nous étions les uns contre les autres, tassés par ceux qui nous suivaient contre ceux qui nous précédaient, j'étais presque porté. Je perdais alors conscience, une fraction de seconde, j'étais dans un tel état d'épuisement ! Ma tête tombait sur l'épaule de celui qui me précédait et cette légère chute me réveillait immédiatement. J'avais perdu conscience quelques instants mais je pouvais ainsi récupérer un peu.

Vous connaissez le test du trousseau de clefs ? On prend un trousseau de clefs dans la main, on s'assoit dans un fauteuil bien confortable, on s'assoupit une fraction de seconde, la main lâche alors le trousseau de clefs qui tombe par terre et vous réveille. Ce bref passage du conscient à l'inconscient du sommeil, ce passage où vous allez vous endormir, permet une récupération relative. J'ai connu de nombreuses phases de sommeil éphémère et toutes ces phases, mises bout à bout, m'ont permis de tenir le coup et de continuer à marcher.

J'entends encore le bruit des chiens, l'aboiement des SS, j'entends encore le bruit des revolvers qui assassinaient ceux qui ne pouvaient plus avancer ou ceux qui, d'épuisement, tombaient sur la route. J'entends aussi le bruit des galoches qui, parce qu'on n'avait plus la force de lever les pieds, traînaient comme cela sur les chemins en faisant un bruit sourd et continu. Je le revis encore très intensément aujourd'hui, quand j'évoque cette période.

Que mangiez-vous pendant cette marche ?

Je suis parti de Buna-Monowitz sans rien. Certains disent être partis avec un morceau de pain. Je ne sais pas. Mais moi, je n'avais rien.

De façon certes un peu schématique, je dis aux enfants, quand je parle de la « marche de la mort », que pendant quatre mois, je n'ai pratiquement rien mangé. Nous nous sommes arrêtés dans une dizaine de camps, à Flossenbürg, à Leitmeritz, ces deux noms-là, je m'en souviens. Les autres sont enfouis au fond de ma mémoire et ne veulent pas en sortir. Nous restions une nuit seulement dans ces camps, on nous donnait un litre de soupe et on repartait. On ne peut pas dire que quelques litres de soupe en quatre mois nourrissent un bonhomme ! Surtout la soupe de déportés, qui n'avait de soupe que le nom !

Lorsque les SS étaient fatigués, car ils marchaient aussi, comme nous, ils faisaient arrêter la colonne, toute la colonne, dans les champs qui longeaient la route. Accroupi dans le champ, je ramassais la neige que je laissais fondre dans la bouche, pensant assouvir ma soif, et je mangeais l'herbe que j'arrachais par poignées !

Ces conditions nouvelles vous ont-elles rapproché des autres déportés ? Avez-vous alors communiqué et partagé des moments avec certains prisonniers ?

J'étais plus que jamais dans ma bulle. Heureusement d'ailleurs, car comment vivre cette marche sans devenir complètement fou ? Ma bulle m'isolait de la réalité. Mais je me souviens assez précisément de cette période.

À un certain moment de la marche, quelques soldats de la Wehrmacht sont venus renforcer la garde de notre convoi. À tour de rôle, une dizaine de déportés devaient tirer et pousser les chariots sur lesquels les SS avaient mis leur barda. C'était très pénible car le chemin, assez pentu, était boueux, plein de trous et d'ornières. La montée était très pénible mais la descente aussi, car il fallait retenir le chariot. Ils désignaient donc à tour de rôle les premiers de la colonne pour ce travail surhumain. Puis vint mon tour. Je devais tirer le chariot à l'avant gauche.

Malgré ma fatigue, j'ai tiré comme j'ai pu, mais, à un certain moment, en glissant dans la boue, je suis tombé, arrêtant ainsi le convoi. Un SS, en criant des insultes, a dégainé son revolver pour me tuer comme il l'avait fait tant de fois. Mais un soldat de la Wehrmacht, qui se trouvait près de lui, l'en a empêché.

Le SS a rengainé son revolver ; il devait avoir, j'imagine, un grade moins élevé que le soldat de la Wehrmacht. Ce soldat, tout allemand qu'il était, m'a sauvé la vie. Il m'a ensuite envoyé tout au bout de la colonne dans le but évident de me préserver en m'épargnant d'être à nouveau désigné pour tirer le chariot.

Il m'arrive fréquemment de relater cette anecdote pour dire aux enfants de ne pas confondre les SS, qui étaient des volontaires, des militants du nazisme, et les Allemands de la Wehrmacht, qui étaient des êtres comme les autres, mobilisés comme le sont tous les soldats du monde. Il y a eu des Allemands SS, mais tous les Allemands n'étaient pas des SS, même si, comme le relatent certains historiens, la Wehrmacht a souvent aidé les SS dans certaines de leurs « œuvres » de mort.

Dans un des camps où nous nous sommes arrêtés, le *Lagerälteste* de Buna-Monowitz a été identifié et isolé par des déportés. Il était comme nous tous et n'avait plus la protection de ses maîtres, les SS, dont il était le fidèle serviteur et l'exécuteur des basses œuvres. Il n'avait plus la superbe, la morgue ni la hargne du temps où il battait les déportés. Ce jour-là, il avait peur de tous ceux qui l'entouraient et qui se rapprochaient peu à peu de lui, il avait peur comme tremblaient tous les pauvres types qui avaient eu la malchance de se trouver entre ses mains de tueur. Il a été massacré à coups de pelles par une dizaine d'anciens de Monowitz. J'entends encore les cris de ces hommes qui se faisaient justice.

Vous avez parlé de transports en train... les prisonniers étaient chargés sur des trains découverts je crois...

Pas toujours. Je me rappelle qu'une fois, nous avons été entassés, durant quelques jours seulement, dans des wagons couverts, des wagons à bestiaux. Mais le plus souvent, nous étions sur des wagons de marchandises, sans toit pour nous protéger un peu de la neige et du froid.

Avez-vous croisé des civils ou été en contact avec eux au cours de cette marche ?

Avez-vous le souvenir par exemple de passages dans des villages où la population était présente ?

On avait l'impression, quand on traversait des villages (car on traversait évidemment des villages), que les gens se cloîtraient derrière leurs fenêtres. Ils ne voulaient pas voir ou ne voulaient pas se faire voir par les SS qui devaient effrayer tout le monde. Nous n'étions pas en Allemagne, mais en Pologne et en Tchécoslovaquie.

Un événement m'a beaucoup impressionné au cours de cette marche, événement que j'ai découvert en fait à mon retour en France. Les méandres et secrets de la mémoire sont assez étonnants ! À un certain moment, alors que nous marchions sur un chemin boueux, nous avons vu, au bout d'une très longue descente, l'entrée d'un village nommé Aüssig. Ce nom m'est resté en mémoire alors que j'ai occulté le nom de tous les autres. Le village d'Aüssig ! Je saute quelques mois dans mon récit, je suis de retour à Paris et je retrouve mon frère aîné qui n'a pas été déporté avec nous. Il me raconte qu'il a été arrêté et embarqué dans les STO, dans des conditions certes désagréables, mais qui ne sont pas comparables avec celles des camps d'extermination nazis. Il me raconte qu'un matin, sortant du village où il était, il a vu un nombre impressionnant de cadavres sur le bord de la route. Des déportés en habits rayés. Il était dans un bourg, près d'Aüssig !

Si j'avais croisé mon frère dans une rue de ce village, le croyant libre, en France, je ne serais pas resté indifférent en passant près de lui. Il ne m'aurait pas reconnu, bien sûr, mais moi je ne serais pas passé près de lui sans témoigner de la surprise. Nous serions sans doute morts tous les deux, tués par les SS. Pourquoi ce nom, Aüssig, m'est-il resté en mémoire alors que les autres ont été ensevelis dans un oubli profond ? C'est étrange.

Quelles étaient les intentions des nazis selon vous quand ils ont organisé les marches de la mort ?

J'en donne, aujourd'hui, une interprétation tout à fait personnelle, qui relève du seul domaine de l'hypothèse. La majorité des SS, fanatisés comme ils étaient, ne croyaient pas à la défaite.

J'ai l'impression qu'ils faisaient toujours confiance à Hitler. Ils espéraient sans doute cette fameuse arme secrète qui devait leur apporter la victoire. Ils ont dû se dire que, après leur victoire, il faudrait reconstruire l'Allemagne. Ils auraient besoin d'esclaves comme nous pour le faire. Je ne vois pas d'autres raisons logiques à ce départ des camps.

S'ils avaient voulu ne laisser aucune trace, comme dans certains camps, ils auraient pu tuer tout le monde et mettre le feu. Ils nous auraient entassés dans des baraques de bois, faciles à embraser avec des lance-flammes. Ils ne l'ont pas fait car, selon moi, ils croyaient encore en la victoire du nazisme. Hitler ne leur avait-il pas dit que le nazisme allait dominer le monde pour mille ans ? Croyant à une issue favorable, ils avaient besoin de main-d'œuvre, de bagnards pour reconstruire l'Allemagne, et nous étions ceux-là.

Au moment où ils ont perdu cet espoir, ils sont devenus fous et se sont déchaînés. Je me souviens d'un soir particulièrement dramatique. Nous étions entassés dans des wagons à bestiaux. Il faisait nuit, le train était arrêté en pleine campagne le long d'un champ ou d'un terrain vague, je ne sais plus. Les SS sont arrivés, titubant et criant à tue-tête. Ils étaient ivres, très jeunes, car les adultes, envoyés, j'imagine, sur le front, étaient remplacés par des adolescents à peine sortis des Jeunesses hitlériennes.

En vociférant et riant tout à la fois, ils ont choisi le wagon dans lequel j'étais et nous ont fait descendre. Nous étions bien une soixantaine de déportés. Après nous avoir, à coups de poings, fait mettre en rang par cinq, ils nous ont fait faire... de la gymnastique. Je me souviens en frissonnant de cette nuit-là, c'était dantesque. Il faisait nuit et je faisais des pompes, et des pompes, et ça n'en finissait pas. Tous ceux qui n'en faisaient pas, ou pas assez bien à leurs yeux, allongeant insuffisamment leurs bras, étaient assassinés. Je vois encore les balles traçantes qui laissaient comme des lignes de feu dans la nuit. Le pauvre type touché était secoué comme s'il recevait une décharge électrique, et ne bougeait plus. Ses souffrances avaient cessé subitement. Ils ont tué une quinzaine de compagnons. Ils étaient complètement fous. Ensuite, ils nous ont fait creuser une fosse pour y jeter les morts.

Un jeune qui, comme nous, était en train de creuser avait oublié d'enlever son béret, de faire *Mützen ab* en passant devant eux. Ils l'ont fait mettre debout au bord de la tranchée, face à eux pour qu'il voie bien ce qui allait lui arriver. Plusieurs SS ont épaulé et ont tiré. Ce pauvre gars a vu, face à lui, les yeux de sa mort. Les détails de ce drame ne me quitteront jamais.

Comment ai-je réussi à faire des pompes alors que j'étais épuisé et malade ? Comment suis-je sorti de cette scène d'enfer sans être tué ? Comment ai-je fait pour ne pas être paralysé par la peur – car je n'avais pas peur, j'étais comme anesthésié ? Toutes ces questions resteront éternellement sans réponses.

Ces mois d'errance vous conduisent ensuite à Prague où vous êtes libéré : pouvez-vous nous raconter les circonstances de cette libération ?

Oui, mais avant, je voudrais vous raconter autre chose qui, après tous ces drames, permet de ne pas perdre sa foi en l'homme et en la vie.

Nous étions sur des wagons découverts, vous savez ces wagons sur lesquels on transporte des matériaux, du sable ou des pierres. Il y avait encore des petits morceaux de charbon dans le wagon où j'étais. C'était terrible, nous n'avions rien à manger ni à boire. On mangeait uniquement la neige qui nous tombait dessus ou qu'on ramassait sur le bord du wagon. De nombreux déportés sont morts sur ce train. Pour faire de la place, on les balançait sur le ballast, avec une relative indifférence – la mort nous était si familière ! Parfois on les laissait là où ils s'étaient affaissés et on s'asseyait dessus. Je ne pourrais pas jurer ne pas m'être assis, parfois, sur un mort... pas tout à fait mort ! Cela aussi me reste en mémoire et je ne peux chasser la tristesse qui m'envahit en pensant à tous ces morts que je n'ai pas su respecter.

Quelque temps avant d'arriver à Prague, le train s'est arrêté dans une gare. Nous étions sur des wagons de marchandises découverts comme ceux que je viens de vous décrire. Imaginez ces squelettes, ces morts vivants habillés en bagnards qui tenaient à peine debout et dont les yeux seuls témoignaient de la vie. Dans cette gare, je m'en souviens très bien, il n'y avait que des femmes. Elles ont regardé, effarées, tous ces fantômes qui bougeaient encore ! Elles n'avaient sûrement jamais vu un train sortir de l'enfer. Puis le train est reparti.

Je pense que le « téléphone arabe » a bien fonctionné puisque, quelques centaines de mètres plus loin, j'ai vécu une scène d'une force inouïe et présente en ma mémoire comme si elle avait eu lieu hier. J'étais sur un des premiers wagons de ce très long train. Nous sommes passés sous trois passerelles qui enjambaient la voie ferrée. Ces passerelles, espacées les unes des autres de quelques centaines de mètres, étaient noires de monde. Lorsque le train est passé sous la première, les gens, entassés sur la passerelle, nous ont jeté du pain. On se battait presque sur le wagon pour attraper un morceau de pain, nous avions tellement faim ! Moi, je n'ai rien attrapé du tout, j'étais trop faible et trop malade. Je devais déjà avoir le typhus ! Je me revois encore, gesticulant comme un beau diable, pour me saisir d'un quignon qui chaque fois m'échappait.

Je les ai trouvés formidables, tous ces gens sur la passerelle. Ils n'avaient sans doute pas grand-chose à manger, mais ils ont donné le peu qu'ils possédaient à ceux qui avaient un peu plus faim qu'eux.

Le train a continué d'avancer, nous arrivions vers les deux autres passerelles, noires de monde comme la première. Les SS, se rendant alors compte que des villageois jetaient du pain aux déportés affamés, sont devenus enragés. Ils ont pris leurs armes et leur ont tiré dessus. Je voyais des gens tomber, blessés ou tués peut-être. Mais ils continuaient à nous jeter du pain et les SS continuaient à tirer sur eux. C'était extraordinaire de voir le courage avec lequel tous ces hommes sur les passerelles accomplissaient leur devoir d'êtres humains.

Ce seul épisode, peut-être un peu romanesque lorsque je le raconte, m'aurait réconcilié avec les êtres humains si j'avais désespéré d'eux. Je ne suis ni catholique ni croyant, mais étant imprégné de culture judéo-chrétienne, j'avais l'impression que le pain venait du Ciel et que la terre était un tombeau.

Il s'est passé encore une chose curieuse, le hasard est facétieux, si tant est qu'on y croie. Alors que sur ce wagon j'essayais vainement d'attraper un peu de nourriture, j'étais si fatigué que j'ai glissé et me suis retrouvé sous les pieds de tous ceux qui se battaient pour récupérer un morceau de pain. Les galoches me martelaient la tête, me meurtrissaient le corps et, les deux bras autour de la tête pour me protéger, j'ai vu quelqu'un près de moi, écrasé également par ceux qui au-dessus de nous tentaient d'attraper un peu de pain. À un certain moment, tous ceux qui nous écrasaient se sont écartés, et d'un seul coup je me suis retrouvé debout, à l'air libre.

Permettez-moi de jouer avec le temps et de faire un saut de plusieurs années. J'avais, il y a quelques années, une petite maison de campagne près de Nogent-sur-Seine dans un joli village au nom romantique de Courceroy. Une de mes amies, revenant d'une cure thermale, est passée nous voir. Elle nous a présenté son compagnon. Il faisait chaud, nous étions en chemisette et quelle ne fut pas ma surprise de voir un numéro tatoué sur son bras gauche comme j'en ai un moi-même, sur le mien. C'était un 175000 alors que j'étais un 167000. On s'est bien sûr mis à parler des camps et de la « marche de la mort » lorsqu'il s'est passé une chose incroyable : nous avons raconté à deux voix l'épisode que je viens de vous relater. Nous étions sans doute dans le même wagon car il se souvenait de cet épisode et il m'a raconté avoir dégagé une ou deux personnes ensevelies dans la bataille !

Vous continuez en train jusqu'à Prague... Saviez-vous alors qu'il s'agissait de Prague ?

Pas du tout. J'étais terriblement malade à ce moment-là.

On s'arrête dans une gare, elles se ressemblent toutes, et sur le quai, dans toutes les langues, les SS ordonnent à tous les malades de descendre des wagons. Pour la première fois, j'avais perdu l'espérance et décidé de mourir. J'étais épuisé par la fièvre et le typhus, j'étais arrivé au bout de ma résistance, je n'en pouvais plus. J'avais décidé d'en finir, d'aller vers la mort, car se rendre aux SS, c'était la mort certaine. J'ai demandé à ceux qui étaient avec moi dans le wagon de m'aider à descendre. Ils m'ont quasiment jeté par terre, sur le quai, où j'ai atterri sur une pile de traverses de chemin de fer. Par chance, je ne me suis rien cassé, mais quand on n'a plus de muscles, les angles des traverses sont bien agressifs ! Nous devions être une centaine à être descendus du train. Puis le train est reparti et quand il a été au loin, les SS ont enlevé leurs uniformes : c'étaient des membres de la Résistance tchécoslovaque et nous étions à Prague !

C'est une histoire incroyable !

Oui, elle est incroyable et même romanesque ! Et elle l'est tellement que parfois je doute moi-même de sa réalité, ce n'est pas possible, je fabule. Alors j'ouvre un manuscrit, mauvais manuscrit, écrit pour mes enfants il y a de nombreuses années et je retrouve cet épisode relatant ma libération. J'ai écrit ce manuscrit il y a longtemps, quelques années seulement après mon retour en France, lorsque tout était encore bien plus récent en ma mémoire qu'aujourd'hui.

J'imagine votre surprise et votre joie à la vue de ces résistants !

Même pas ! Vous savez, être libéré d'un tel cauchemar ce n'est pas être dans une pièce, ouvrir une porte et entrer dans une autre. On ne quitte pas son costume de bagnard en quelques instants. Ce n'est pas tout à fait ainsi que cela se passe, du moins en ce qui me concerne.

Être libéré des camps et de la peur des SS, ce n'est pas, par exemple, sortir de prison et se retrouver dans la rue, libre et sans chaînes. J'étais dans un tel état de misère physiologique que je n'avais pas la force de me réjouir ! Je n'y croyais pas. J'étais descendu du wagon pensant trouver la mort ; la liberté et la vie m'accueillaient. Non, ce n'est pas aussi simple que cela. Certes, j'étais physiquement libéré, mais je n'étais pas libre pour autant. À un moment, pourtant, j'ai ressenti comme une espèce d'extase, lorsque des infirmiers ont apporté des brancards et m'ont allongé sur l'un d'eux. Je redevenais un être humain puisqu'on prenait soin de moi en me mettant sur un brancard. Je n'étais plus l'*Untermensch* qui ne savait plus ce qu'était un lit depuis quatre mois. J'étais sur un brancard et je redevenais un être humain.

J'entrais, bien sûr, dans un autre état mais ce n'était pas encore la liberté, ce n'était que la libération de mon corps. La véritable libération, c'est beaucoup plus que cela. Le sentiment d'être libre, vraiment libre, est venu bien des années après. De longues années furent nécessaires pour que j'accède au sentiment d'une pleine liberté.

La Wehrmacht était encore à Prague à ce moment-là puisque cette ville était l'une des dernières poches de résistance allemande. Je pense que ces soldats allemands, qui devaient être dans leur grande majorité des braves types, ont tout vu mais ont laissé faire. Ce n'était plus leur problème.

J'étais allongé sur ce brancard et d'un seul coup des femmes sont arrivées en nombre dans la gare. Je ne savais pas encore que nous étions à Prague. Elles sont arrivées et, en pleurant, ont recouvert nos brancards de tout ce qu'elles avaient pu trouver chez elles. Des bonbons, des chocolats, des gâteaux. Je n'avais pas la force de lever un bras pour prendre ce dont j'avais tellement rêvé et depuis si longtemps, et j'imaginais, avec délectation, le moment où je pourrais m'en régaler.

Puis des infirmiers nous ont mis dans des ambulances et certains, comme moi, se sont retrouvés à l'hôpital Boulowka, hôpital qui existe toujours. Une fois arrivé là-bas, pour me laver et me désinfecter, l'infirmière a tout enlevé, tout ce qui était sur le brancard. J'ai ressenti alors une véritable déchirure. Je me régalais déjà à l'idée de dévorer toutes ces friandises et elle me piquait tout !

J'étais tellement malheureux et déçu de cette réception que je l'ai injuriée, dans ma tête bien sûr, puisqu'elle ne parlait pas le français et que je ne comprenais pas le tchèque : « Ah ! la salope, elle me pique tout ! » me suis-je dit alors.

Je prie l'infirmière, au-delà du temps, de bien vouloir me pardonner pour avoir pensé cela d'elle. Mais à l'époque, j'ignorais tout de la pathologie des grands dénutris. Si elle avait tout confisqué, ce n'était pas pour le garder, mais pour m'empêcher de mourir ! Si j'avais pu manger tout ce qu'il y avait sur le brancard, j'en serais probablement mort et c'est pour cela qu'elle le faisait. Il fallait en effet me réapprendre à manger et réhabituer mon corps à métaboliser la nourriture normale.

Elle m'a ensuite déshabillé pour me donner un bain et me désinfecter et j'avais les pieds tellement gonflés par les œdèmes de carence qu'elle a dû couper mes galoches aux ciseaux !

À l'hôpital, lorsque j'ai été pesé, la balance marquait 35 kilos et la toise 1,77 mètre !

Combien de temps restez-vous ensuite à Prague et dans quelles conditions passez-vous ces journées ?

Je ne sais plus exactement combien de temps je suis resté à l'hôpital.

À un certain moment, l'hôpital a été évacué et je me suis retrouvé dans une école aménagée en hôpital avec des lits dans les salles de classe.

Je me souviens de deux événements dans cette école. Un ancien détenu, barbu, ce qui était surprenant pour un déporté, est arrivé un jour, entouré d'une véritable cour comme s'il avait été un homme politique ou quelqu'un d'important. Je me souviens de son nom, il s'appelait Curda Lipowsky. Il parlait merveilleusement le français. À mon retour en France nous nous sommes écrit plusieurs fois dans les premières années. Puis il n'a plus répondu lorsqu'il y a eu un changement de régime politique. Je pense qu'il ne plaisait pas aux nouveaux maîtres de la Tchécoslovaquie. C'est lui qui m'a donné un peu d'argent quand j'ai pu sortir pour la première fois dans les rues de Prague, avec Véra, mon infirmière. J'ai encore sa photo quelque part qu'il m'avait envoyée dans une lettre.

Quant au deuxième épisode, il aurait pu être dramatique. Un jour, un militaire allemand de la Wehrmacht est entré et a regardé les malades, les uns après les autres. Son regard s'est arrêté plus longuement sur moi. J'étais le seul tondu, donc, à l'évidence, un ancien déporté. Puis il a continué son inspection. Je me demande parfois ce qu'auraient fait les médecins et le personnel infirmier si ce soldat avait tenté quelque chose contre moi. Je ne sais pas mais je veux croire qu'ils ne l'auraient pas laissé faire et m'auraient défendu.

J'étais en très bons termes avec l'infirmière qui s'occupait de moi, « sistra Vera », bien qu'elle ne parlât pas le français. Un jour, j'ai compris qu'elle voulait me montrer sa ville. On m'a donné des vêtements civils et nous sommes sortis tous les deux. À un certain moment, nous sommes arrivés sur une place où il y avait des prisonniers allemands sous la surveillance d'un gardien. La guerre était finie : c'était donc après le 8 mai.

Avec Véra nous nous sommes avancés pour nous mêler aux badauds. Lorsque le gardien m'a aperçu, voulant peut-être, par l'acte qu'il allait commettre, honorer les morts et la souffrance dans les camps nazis que, symboliquement, je représentais à ses yeux, il a enlevé sa ceinture pour fouetter ces pauvres types qui étaient torse nu. Il me regardait et semblait me dire : « Tu vois, p'tit gars, je te venge, c'est à eux maintenant de souffrir. »

Je n'ai pas pu regarder cette violence. J'avais la douloureuse impression que tout recommençait. La bête immonde avait été vaincue et la violence continuait même si ce n'était plus le même gardien ni les mêmes prisonniers. J'étais très jeune, je n'étais qu'un gosse de dix-huit ans dont l'adolescence avait été bouleversée. J'avais l'impression qu'avec ma libération, le monde allait enfin changer, que le mal et la violence allaient disparaître. Et je voyais brusquement que tout continuait.

L'arme de la violence, le fouet, tenu certes par d'autres mains, était toujours là.

Je suis parti aussi vite que mes pauvres jambes pouvaient me le permettre et Véra, surprise, a dû se demander longtemps pourquoi ce jeune Français avait ainsi fui. Cette expression, « chacun son tour », me faisait horreur et je la rejette toujours maintenant avec autant de force. Les raisons qui m'ont fait partir subitement, refusant de regarder ce qu'au fond de moi je réprouvais, je les ai analysées ensuite à Paris en y repensant. La violence m'était devenue absolument et viscéralement insupportable.

Véra m'a accompagné à un bureau de renseignements organisé pour les anciens déportés. J'ai voulu connaître le destin de ceux qui étaient avec moi dans le train après la gare de Prague. On m'a alors raconté que la plupart étaient morts dans ce train ou avaient été fusillés. Je ne connaissais pas ces gens, je n'avais de liens d'amitié avec aucun d'entre eux (là-bas, l'amitié était un sentiment que j'ignorais), mais mon sang s'est glacé. Tous ces martyrs avaient connu l'épouvante, avaient vécu l'horreur de la séance de gymnastique, avaient survécu à l'indicible, et tout cela pour rien, pour finir le long d'une voie ou dans une fosse commune alors qu'ils allaient être libérés. J'aurais sûrement fini ainsi si je n'avais pas, pour la première fois, décidé de mourir !

Après ces quelques semaines passées à Prague vous rejoignez la France. Dans quelles conditions se déroule ce voyage ?

Je suis revenu sur un brancard, dans un avion sanitaire de l'armée française, début juillet. Nous sommes partis d'un aéroport près de Prague, peut-être Pielsen, mais je ne sais plus.

Dans cet avion gros porteur, les brancards étaient fixés avec des lanières qui allaient du haut de la carlingue jusqu'au sol. Nous étions deux ou trois, les uns au-dessus des autres. Pour nous accompagner, il y avait une infirmière « AFAT » comme on appelait alors les femmes militaires. Comme elle était la première Française rencontrée depuis de longs mois, je lui ai demandé des nouvelles de la France que j'avais tellement idéalisée à Auschwitz-Monowitz. Je suis resté « scotché », comme disent les jeunes aujourd'hui, en apprenant qu'il y avait toujours des tickets de rationnement. Je me disais : mais ce n'est pas possible, un an après la libération de Paris ! Pour moi la libération était synonyme d'abondance après ces longs mois de privations.

Quel souvenir gardez-vous de votre arrivée à Paris et de l'accueil ?

L'accueil que j'ai reçu à Paris ? Ce que je vais dire va sans doute choquer certaines personnes !

À Prague j'avais vécu des moments très chaleureux de la part de la population tchécoslovaque : des démonstrations de joie simples, spontanées, sincères à la vue des rescapés des camps de la mort. Des gens, que je n'avais jamais vus, nous ont accompagnés à l'aéroport en nous témoignant une chaleur humaine très réconfortante. J'ai même senti une espèce de regret de nous voir partir.

Quelques heures après, nous arrivons au Bourget et l'avion se pose dans un grand champ (il n'y avait pas encore d'aéroport pour l'aviation civile). Comme certains gros porteurs, l'avion s'ouvre par l'arrière, les infirmiers descendent nos brancards et là, dans ce grand champ, il n'y avait personne. Personne !

J'ai très mal vécu cette absence alors que je pensais être attendu et accueilli avec chaleur. J'étais si heureux de revoir la France ! Mais à la place de cette France idéalisée et dont j'avais tant de fois rêvé, je n'ai trouvé qu'un vide incroyable.

Certes j'étais en grande demande affective, mais là, c'était quand même bouleversant : rien ! Pas tout à fait rien, tout de même, car il y avait un autobus de la RATP ! Peut-être le même autobus que celui qui m'avait amené de Drancy à la gare de Bobigny, peut-être avec le même chauffeur ! Un simple autobus et c'était tout, alors que j'étais de retour chez moi, dans mon pays, après avoir connu les flammes de l'enfer concentrationnaire.

Nous avons été entassés dans cet autobus de façon moins violente, il est vrai, que la dernière fois et nous avons traversé Paris. Lors d'un arrêt, près d'un marché, une femme est venue avec un cageot de fruits qu'elle a déposé dans l'autobus. En dehors d'elle et de son geste d'accueil chaleureux, j'avais l'impression que les gens nous regardaient sans nous voir. Leurs regards me transperçaient, je n'existais pas pour eux.

J'avais cette étrange impression que notre présence les gênait, un peu comme si nous avions été des accusateurs, non de ce qu'ils avaient fait, car les collaborateurs ne représentaient qu'une minorité de Français, mais de ce qu'ils avaient laissé faire. Le moraliste dit avec quelque raison qu'on est toujours responsable de ce qu'on n'a pas empêché. Ceux que nous croisions avaient-ils ce sentiment de responsabilité ?

À tort ou à raison, j'ai découvert, à mon retour en France, l'indifférence, le silence et la gêne.

Ensuite nous avons été « entreposés », et le mot n'est pas trop fort, dans une salle de cinéma, un très grand cinéma, peut-être le Rex sur les Grands Boulevards, mais je ne peux pas l'affirmer. Je me suis retrouvé assis dans un fauteuil et j'ai été interrogé par un agent du deuxième bureau français, le service de contre-espionnage ! Je devais être un bien dangereux espion ! Cela aussi, je l'ai mal vécu.

Vous n'aviez pas été conduit à l'hôtel Lutetia ?

Non, pas encore. Je suis arrivé à l'hôtel Lutetia après l'interrogatoire.

Vous vous souvenez de cet interrogatoire ?

Oh oui ! Comment ne pas s'en souvenir, c'était tellement vexant ! L'agent chargé de m'interroger m'a demandé mon nom, mes prénoms, mes date et lieu de naissance, où j'étais au moment de mon arrestation, les camps dans lesquels j'avais vécu et un tas de questions que je me suis efforcé d'oublier...

Ce qui m'a aussi énormément choqué, c'était tous ces gens qui entraient dans la salle de cinéma, nous regardaient et repartaient. J'étais l'animal en cage que l'on vient observer, avant de repartir au plus vite, un singe qu'on vient regarder sans trop s'attarder de peur de se faire mordre.

Il n'y avait pas d'échanges avec la population ?

Rien ! C'était d'une froideur sibérienne ! Vous ne pouvez pas imaginer ma déception ; je m'attendais à tant de choses ! À quoi, précisément ? Je ne sais pas. Peut-être étais-je toujours dans ma bulle et mon imaginaire me jouait sûrement des tours. Peut-être ! Mais je ne l'ai pas bien vécu, ce retour en France ! Après l'interrogatoire, on m'a remis la fameuse carte de déporté couverte de tampons, avec sept mille cinq cents francs de l'époque, des tickets pour une paire de chaussures, un costume et l'alimentation, et on m'a déposé dans une chambre de l'hôtel Lutetia.

Ce que vous avez ressenti, au cours de ces premières heures parisiennes, c'est non seulement de l'indifférence mais aussi une espèce de suspicion ?

Totalement ! L'interrogatoire par le deuxième bureau français, n'était-ce pas une forme de suspicion ? J'en ai encore des frissons dans le dos. Le gouvernement avait besoin de s'assurer de notre bonne foi, je le comprends fort bien, mais n'y aurait-il pas eu un autre moyen, moins suspicieux, que cet interrogatoire ?

Éprouviez-vous tout de même de la joie à l'idée de retrouver la France ?

À Prague, bien sûr. J'ai eu la chance et le malheur d'être malade. Le malheur, car la maladie n'est jamais très drôle, la chance, car j'ai pu ainsi connaître des gens merveilleux tout en étant admirablement soigné. L'infirmière Véra, M. Curda Lipowsky et tant d'autres ont éclairé ma nuit. Les quelques semaines où je suis resté à Prague m'ont donné le temps de m'habituer peu à peu à mon nouveau statut d'homme libre.

Quant à la joie de retrouver la France, elle était très émoussée. D'une part je revenais seul, d'autre part l'accueil reçu dans mon pays n'a pas été délirant !

Isidore Rosenbaum, un rescapé comme vous, évoque, dans un entretien, sa libération et les émotions complexes qu'elle suscitait. Quand on l'interroge sur les sentiments qu'il éprouvait à son retour, il répond : « On n'avait pas la force d'être heureux. » Phrase qui résume l'état d'esprit de bon nombre de rescapés à leur retour. Il explique aussi qu'il a fallu plusieurs semaines avant de pouvoir réaliser et comprendre sa libération... Vous partagez ce sentiment ?

Oui, c'est tout à fait cela, tout en étant plus compliqué. Sitôt que je suis arrivé en France, probablement parce que je n'y ai pas reçu l'accueil espéré, parce que je n'ai pas ressenti la chaleur humaine dont j'avais tant besoin, parce que, aussi, j'avais le sentiment de ne susciter aucun intérêt auprès des Français, très vite, je me suis enfermé dans ma coquille.

J'ai tout fait pour occulter, ce qui ne veut pas dire oublier mais mettre à l'écart, ma période de déportation. Et cette occultation fut telle qu'elle a généré ensuite un silence de quarante ans. À partir du moment où vous mettez à l'écart une période de votre vie, vous ne pouvez plus vous sentir en joie puisque vous l'évacuez.

La joie ne peut exister qu'en la comparant à la tristesse. J'ai occulté ce qui fut l'horreur, l'abomination d'Auschwitz. Comment, dès lors, être en joie de ne plus vivre dans le camp, puisque je ne voulais plus consciemment le revivre ?

Cette joie des retrouvailles, ce bonheur de la liberté que j'aurais dû vivre dans toute sa plénitude, je ne les ai jamais complètement ressentis à ce moment-là.

L'être humain est compliqué !

On me met donc dans une chambre de l'hôtel Lutetia. Je m'y sentais physiquement bien mais j'étais très seul. J'y suis resté trois jours, sans rien, sans aucune nouvelle de ma famille alors que j'avais donné toutes les adresses où je pensais que mon frère et ma sœur pouvaient être avertis de mon retour.

Du point de vue de la chaleur humaine, vous voyez, ça n'était pas terrible. Il y avait bien sûr une infirmière qui s'occupait de moi avec beaucoup de gentillesse, mais je sentais tellement la professionnelle que cela ne me faisait pas grand bien, psychologiquement s'entend.

Heureusement, beaucoup de volontaires, juifs ou non, s'occupaient du retour des déportés et étaient en bas, dans le hall de l'hôtel. Une fille d'une amie de maman se trouvait parmi ces volontaires et avait demandé à une hôtesse s'il y avait un Braun parmi les rescapés. Cette femme lui a répondu positivement en lui donnant un prénom qui ne correspondait à aucun des membres de ma famille. À côté d'elle, une autre hôtesse, ayant entendu mon nom de famille, lui a signalé qu'il y avait un autre Braun, Sam Braun, au troisième étage de l'hôtel. M'ayant retrouvé, elle m'a amené chez sa mère où j'ai revu ma sœur et mon frère.

Dans quelles conditions se passent ces retrouvailles avec votre sœur et votre frère ?

Très émouvantes, nous nous sommes mis à pleurer ma sœur et moi. Ça a été difficile...

Nous nous sommes mis à pleurer sur mes parents et ma petite sœur. Mes larmes furent d'autant plus intenses que le mince espoir, intimement enfoui et maintenu, de les revoir vivants, a disparu ce jour-là. Il fallait désormais vivre avec la certitude de leurs assassinats. Ma sœur, entre deux sanglots, m'a fait promettre de ne plus jamais pleurer. J'ai essayé de tenir parole. Je n'ai pratiquement plus pleuré en public mais j'exprimais ma tristesse dans l'intimité de ma solitude : je pleurais alors sans retenue. Et plus tard, une fois marié, lorsque mon épouse dormait, je repensais à tout cela et ne pouvais retenir mes larmes.

Avez-vous conservé des souvenirs précis des semaines qui ont suivi vos retrouvailles avec votre famille ?

Quand j'ai retrouvé ma sœur, elle a vu que je n'étais pas bien, je toussais, et me sentais toujours très fatigué. Elle m'a fait hospitaliser à l'hôpital Bichat, dans le service du professeur Guy Laroche. Quelques années plus tard, au début de mes études de médecine, j'ai fait mon premier stage hospitalier chez le professeur Guy Laroche, et la salle qui m'a été attribuée était celle où j'avais été hospitalisé ! Curieux hasard non ?

J'en suis sorti au bout de quelques semaines avec un diagnostic rassurant : je n'étais pas tuberculeux.

Lors de mon séjour dans cet hôpital, j'ai vécu quelque chose d'extraordinaire. À l'époque nous étions dans de grandes salles communes, et, quand l'un d'entre nous était examiné par les médecins, l'infirmière mettait souvent un paravent pour respecter l'intimité du malade. Elle l'oubliait aussi parfois, ce qui me faisait sourire. Le malade dans le lit à ma droite était un Nord-Africain avec un accent à couper au couteau. Il adorait le vin de Bordeaux. À ma gauche, le malade était un vieux monsieur qui jouait remarquablement aux dames. Je jouais souvent avec lui, chacun assis sur le bord de son lit, le damier posé sur nos genoux. Malgré ma relative habileté, je n'ai jamais réussi à gagner ! Il était adorable et souriait tout le temps.

Tous les jours, une vieille dame à la voix chevrotante venait nous voir à l'heure des visites. Elle s'appelait Gabrielle. J'ai encore sa photo dans mon autel de souvenirs. Elle était chanteuse de rue, comme il y en avait encore quelques-unes à l'époque. C'est du Zola, mais du Zola gai ! Cette merveilleuse femme chantait dans les rues uniquement pour nous offrir des cadeaux : des gâteaux et des bonbons pour le vieux monsieur et moi, du vin de Bordeaux pour mon voisin d'Afrique du Nord. Elle chantait dans les rues pour nous : tous les jours elle venait et nous gâtait. C'était extraordinaire. C'était l'ange Gabrielle ! Nous nous sommes écrit ensuite, puis un jour plus rien. Elle habitait dans le 18e, pas très loin de l'hôpital Bichat. C'était vraiment l'incarnation de la bonté !

Avez-vous retrouvé alors des amis d'avant la déportation ?

Oui, bien sûr. À Clermont-Ferrand. Quand je suis sorti de l'hôpital Bichat, mon frère, qui avait repris le magasin de mon père, m'a mis en pension dans un hôtel près de Clermont-Ferrand. Pour que je respire un meilleur air et puisse me retaper. À Ceyrat, charmant petit village où l'on allait en tramway. Cet hôtel avait une grande terrasse où je restais de longues heures à rêvasser. Mon frère m'apportait des biscuits à la cuillère qu'il faisait faire spécialement pour moi par un boulanger clermontois. C'était tout ce que je mangeais avec plaisir.

Le premier jour de mon retour à Clermont-Ferrand, avant d'aller me reposer dans ce village, des amis de mon frère m'invitent dans un restaurant. Toutes les tables étant occupées, le patron nous fait attendre au bar. Je pesais environ cinquante kilos, j'avais récupéré une quinzaine de kilos depuis Prague ! Nos amis m'offrent un apéritif, un Martini ou un porto, mais à peine avais-je mis le verre à ma bouche et avalé une gorgée que je suis tombé comme une masse. Inconscient !

Aviez-vous alors l'envie ou le besoin de raconter votre expérience des camps ?

Pas du tout ! Je n'ai jamais rien raconté à mon frère avec lequel pourtant j'ai vécu quelques années. Jamais. Je ne voulais pas parler des camps et mon frère a toujours respecté mon silence.

J'étais tellement mal dans ma peau que je me suis replié sur moi. Certes, de l'extérieur, je paraissais gai, enjoué, drôle peut-être, mais au fond de moi, je n'étais pas bien du tout. L'accueil en France me donnait le sentiment que si j'avais pu parler, personne ne m'aurait cru, alors je me suis tu.

Et puis je me sentais coupable, coupable de vivre alors que mes parents et ma petite sœur étaient morts. Certes, je n'étais évidemment pas responsable de leurs morts mais je me sentais le sujet d'une injustice puisqu'il était injuste d'être encore en vie alors qu'ils étaient morts ! J'avais un sentiment de culpabilité que beaucoup d'autres compagnons ont eu aussi à leur retour. Moi j'étais vivant, mes parents étaient morts. Ça m'a été difficile de franchir ce cap et de révéler aux autres que j'avais été déporté, c'est-à-dire survivant d'un monde d'où l'on ne revenait pas, et surtout d'où je ne devais pas revenir. J'étais là, c'était donc suspect. J'étais là, j'étais donc coupable de l'être. Bien sûr, une fois encore, personne ne m'a reproché d'être vivant. Tout se passait dans ma tête. Peut-être que j'aurais réagi autrement si j'avais ressenti de l'empathie autour de moi, une empathie différente évidemment de l'affection témoignée par ma sœur et mon frère.

Et puis, j'ai eu aussi beaucoup de difficultés à accepter mes origines juives. Il n'est pas simple de se sentir appartenir à une communauté si on ne respecte pas les rites et coutumes de cette communauté, si on n'est pas en communion avec tous ceux qui les suivent. Je n'étais pas assez mature pour comprendre ce que pouvait être une culture. Je pensais probablement que la culture était indissolublement liée à la religion et à la croyance en un Dieu créateur.

Maintenant, je sais ou crois savoir et je ne souffre plus d'être juif, je le revendique même. Mais la difficulté que j'avais à m'accepter comme juif m'a beaucoup fait souffrir au début. Je ne regrettais pas d'être juif, car peut-on regretter ce que l'on est ? Mais je trouvais que je n'avais vraiment pas eu de chance en naissant dans cette communauté ! Je cachais mon numéro tatoué sur le bras car il était pour moi le symbole de l'appartenance au judaïsme. Même s'il y avait à Auschwitz dix pour cent de non-juifs.

Je me souviens que, durant l'été 1947 je crois, il faisait très chaud et j'avais toujours des vêtements à manches longues pour qu'on ne voie pas mon numéro ! Je ne disais jamais non plus que j'avais été déporté à Auschwitz ; c'eût été, dans mon esprit, dévoiler mon appartenance au judaïsme. Je la refusais. Ce n'était pas un sentiment de honte mais j'avais vu tellement de gens mourir parce qu'ils étaient juifs, ma mère, mon père, ma petite sœur, qu'être juif m'était pénible. Oui, c'est cela, plutôt douloureux ou pénible que honteux.

Et il a fallu combien de temps pour s'en libérer ?

Longtemps, bien longtemps. Plusieurs années. En suis-je même maintenant complètement libéré ? Je ne sais pas.

J'étais assailli par trois sentiments : le sentiment de culpabilité, la difficulté à m'accepter comme juif, et la difficulté de vivre avec l'indifférence des autres. Cela fait beaucoup pour un bonhomme de dix-huit ans !

L'impossibilité d'exprimer sa douleur ou d'évoquer ses souvenirs s'explique aussi par la peur de l'incrédulité ou de la réaction des auditeurs, vous l'avez suggéré. Le silence fut-il la seule conséquence ?

Je vivais tellement avec ce malaise et ce malheur enfoui, sans en rien montrer autour de moi, que je me suis mis à picoler pendant une année. Je suis devenu un vrai alcoolique. Je buvais du matin au soir et ne fréquentais que des alcoolos. Comme je n'avais pas d'argent, je faisais la manche pour pouvoir boire.

Heureusement, je n'étais pas vraiment un alcoolique, sinon j'en serais mort. Mais, malgré ma répugnance pour toute toxicomanie (et l'alcool en fait partie), je suis certain que cette période, pour moi, fut bénéfique. Elle fut une véritable traversée initiatique. Dans le sens exact du mot initiation : mourir à une vie pour renaître à une autre. L'ivresse, avec l'alcool que j'ingurgitais en grande quantité, allait me nettoyer de tout ce que j'avais vécu, comme l'alcool à 90° nettoie une plaie purulente. Il me fallait boire et je buvais n'importe quoi.

Mon frère souffrait de mon alcoolisme : il se sentait responsable de moi mais ne m'a jamais fait la moindre réflexion. Il a eu l'intelligence et la sensibilité d'interpréter cette période comme un simple passage, un passage obligé pour pouvoir vivre ensuite normalement.

Au cours de cette période, j'ai présenté et obtenu mes deux baccalauréats (on en passait deux à l'époque). Je ne devais pas être bien frais devant mes examinateurs ! Après avoir plongé et sombré dans l'alcool, comme une personne qui se noie, après avoir touché le fond, j'ai pu refaire surface en donnant un grand coup de pied.

Des psychiatres américains ont étudié les réactions des survivants des camps de concentration. Ils constatent que, dans un grand nombre de cas, le retour à la liberté s'accompagne d'une phase dépressive. C'est le « syndrome du survivant ». Lorsque le rescapé revient dans son pays, expliquent-ils, après l'expérience mortifère des camps, il y a une période marquée par un sentiment de culpabilité très intense, une dépression forte, une anxiété chronique accompagnée de cauchemars, une tendance à l'isolement et au retrait, des problèmes d'agressivité, des troubles cognitifs et affectifs... La phase d'alcoolisme que vous avez vécue rappelle un peu ce sombre tableau...

Sauf l'agressivité, car même sous l'emprise de l'alcool, je n'ai jamais été agressif. Du moins envers les autres. Sinon, c'est tout à fait cela.

« Ne parler qu'à soi mène toujours à l'autodestruction... », écrit Joseph Bialot. Partagez-vous ce sentiment ?

Totalement ! Maintenant, quand un drame se déroule, arrivent sur les lieux le médecin, le pompier et le psychologue. Et c'est très bien comme cela. Nous n'avions pas de psychologue. Ce n'était pas encore entré dans les mœurs.

J'avais dix-huit ans seulement. Mon frère avait vingt-deux ans et il n'avait pas l'expérience qu'aurait eue mon père. Ma sœur vivait à Paris et n'avait pas non plus l'expérience d'une mère. Je n'avais pas de soutien psychologique, du moins par des gens de métier qui savent prendre le recul nécessaire.

La phase dépressive, génératrice de mon alcoolisme, témoignait de cette impossibilité de la parole.

Oui, effectivement, la parole a des vertus libératrices. Si j'avais été capable d'évoquer ma vie dans ce camp d'extermination, tout ce que j'avais subi là-bas, mon enfance déchirée par la séparation d'avec mes parents, tous ces gens que j'ai vus souffrir et mourir, la bestialité des SS, les yeux de la mort, compagne permanente et fidèle puisqu'elle ne me quittait jamais, je n'aurais pas eu besoin de me noyer dans l'alcoolisme. Mais, *a contrario*, c'est cet alcoolisme qui m'a libéré. La plongée dans la dépression fut nécessaire pour pouvoir rebondir.

Malgré votre silence contraint, aviez-vous à votre retour la mémoire « occupée » par les souvenirs du camp ou avez-vous réussi à refouler les souvenirs douloureux ? Aviez-vous des cauchemars par exemple ?

Oui, bien sûr. Il y a eu un cauchemar récurrent. Curieusement, je ne le fais presque plus, maintenant, depuis que je parle aux enfants.

Je me trouvais dans une grande plaine, je courais, je courais, je courais à perdre haleine, pour échapper à ceux qui me poursuivaient et dont j'entendais derrière moi le bruit des bottes sur le sol, un bruit de bottes terrible, le bruit que faisaient les bottes des soldats lorsqu'ils défilaient au pas de l'oie. Je courais pour éviter d'être rattrapé par ceux qui couraient après moi, et j'arrivais brusquement devant une énorme anfractuosité, comme celle du Grand Canyon du Colorado. Je ne pouvais pas aller plus loin, j'étais bloqué avec les bottes qui arrivaient sur mes traces, je ne pouvais plus avancer, j'étais pris dans un piège. J'avais tellement peur que je me réveillais en sueur.

Quand j'ai été médecin, je faisais aussi un autre cauchemar en rapport avec mon alcoolisme. J'étais médecin et un « bon copain » venait me dire : « Tu es médecin mais tu n'es pas bachelier : tu dois tout recommencer ! » Le fait de ne pas me souvenir de la période du bac, époque de mon alcoolisme, était à l'origine de ce cauchemar.

En revanche et curieusement, aucune image violente des camps eux-mêmes ne revenait dans mes rêves.

Vous avez dit que la parole est libératrice. De façon très schématique, on peut dire qu'au retour des camps, il y eut deux grands types de réactions que les écrivains résument à leur façon.

Des gens comme Primo Levi ou Robert Antelme par exemple ont éprouvé très tôt le besoin, la nécessité, l'urgence même, d'écrire leur expérience pour libérer leur mémoire et témoigner. Et puis, il y a des hommes comme Jorge Semprun qui expliquent leur besoin de faire silence pendant longtemps, silence qui a permis ensuite d'évoquer les souvenirs des camps avec la distance des années. Le silence dans votre cas a-t-il été nécessaire ?

Totalement, puisque, chez moi, il a duré quarante ans.

Le silence favorise-t-il l'oubli ou est-ce un fragile refoulement des souvenirs ?

L'oubli non, mais le *shunt*, la mise à l'écart, oui. On met cela de côté, dans un coin de sa mémoire, pour pouvoir passer à autre chose et vivre comme un être normal. Le silence a été important pour moi puisque je voulais sortir du camp et ne pas vivre tout le temps avec ces images qui me pourchassaient.

Certains, que j'aime et respecte totalement comme Primo Levi par exemple, ne se sont pas suicidés par hasard selon moi. Beaucoup de ceux qui ont parlé dès le retour se sont, d'une certaine façon, suicidés. Soit violemment, en portant atteinte à leur corps et en mettant fin à leur vie, soit, plus insidieusement, en ne parlant que des camps. Bruno Bettelheim par exemple. Il a toujours dit que les déportés se comportaient comme des autistes. Libéré, il file aux États-Unis et y crée la première clinique d'autistes au monde. Ce n'est bien sûr pas par hasard ! Il s'est suicidé quelques années plus tard.

Pour ma part, je voulais sortir du camp, quitter cet état de victime. Je ne pouvais pas vivre en permanence avec la mort. Peut-être Primo Levi avait-il l'impression qu'il écrivait pour se libérer. Moi je ne le pense pas. Je crois que pour vraiment se libérer de ce genre de vécu, seul le silence est nécessaire. Surtout pas le ressassement et le retour incessant des souvenirs lugubres.

Dans Le Premier Homme, *Albert Camus a cette formule implacable : « Quand l'âme reçoit une trop grande souffrance, il lui vient un appétit de malheur. » Une enfance trop malheureuse peut engendrer ainsi des souffrances irrémédiables chez l'adulte comme si, dans une logique infernale et tragique, le malheur engendrait le malheur, la souffrance générait la souffrance. On ne sort pas indemne de malheurs précoces, nous le savons. Que faut-il selon vous pour échapper à cette logique ? Comment sortir de cet « appétit de malheur » ?*

Je dirais simplement que, pour s'en sortir et devenir un être normal jusqu'à la banalité, il ne faut pas ressasser.

Je ne dis pas : enfouir dans l'oubli ce que nous avons vécu, surtout pas. Car l'oubli mijote quelque part au fond du cœur et, un jour, ça explose. Sortir du camp, c'est ne plus en parler et vivre comme les autres. Encore une fois, c'est ce que j'ai vécu et mes opinions ne sont valables que pour moi.

Il faut accepter une période de latence et de silence pour pouvoir reformuler ses expériences et ses douleurs avec davantage de sérénité ?

Oui, de façon un peu imagée, le silence sur certains événements passés et difficiles à revivre par la pensée libère la parole qui devient à son tour libératrice.

Mais deux conditions m'apparaissent nécessaires. La première, c'est de ne pas « victimiser » sa vie passée. Ne pas se considérer comme une victime, c'est très difficile et beaucoup ont échoué dans cet exercice compliqué. Je connais un ancien déporté qui a réagi en haïssant sa fille. Il lui disait : « J'ai été déporté, tu n'as rien à me dire. » Il imposait sa condition passée comme référence absolue, comme justification, légitimant ainsi son autorité et culpabilisant son enfant. Il tirait une supériorité morale en quelque sorte de son statut tragique de victime.

Je veux l'affirmer bien fort : nous sommes normaux et il faut nous dire certaines choses si ces choses doivent être entendues. Avoir été déporté, avoir vécu l'existence indicible des camps nazis, ne nous donne aucun droit mais nous impose, au contraire, des devoirs.

J'ai eu la chance que mon épouse ne m'ait jamais enfermé dans ce rôle de victime. Quoi qu'il ait pu m'arriver dans mon adolescence, je suis un homme normal, comme tous les hommes et je veux être accepté par les autres pour ce que je suis et ce que j'ai fait, non pour ce que j'ai subi.

Il ne faut pas, non plus, se placer en héros. Là est le deuxième danger. Un héros est celui qui n'hésite pas à choisir, dans une alternative, la solution la plus dangereuse si c'est la seule qui lui permette d'arriver à ses fins, en recherchant le Bien, évidemment. Il choisit le danger pour défendre ses convictions. C'est un libre choix. Moi, je n'ai pas choisi ce qui m'est arrivé, c'est pourquoi je ne suis pas un héros. Cela me semble essentiel pour pouvoir, mentalement, sortir du camp et n'être plus le *Häftling*, le déporté. Nous n'avons pas à nous glorifier de notre survie qui est due à la chance, à des circonstances particulières.

Je ne suis maintenant ni la victime ni le héros d'une histoire malheureuse.

Ces deux conditions sont indispensables pour devenir un être normal dans la quotidienneté de la vie. Grâce à cela, j'ai des relations, je pense, exceptionnelles avec mes enfants et mes petits-enfants. Mais, pour arriver à cette normalité, je suis resté quarante années dans le silence d'Auschwitz...

IV

Témoigner

« Nous, intellectuels juifs, rescapés de la mort dans les supplices hitlériens, n'avons qu'un seul devoir : agir pour que l'effroyable ne se reproduise pas ni ne tombe dans l'oubli, assurer l'union avec ceux qui sont morts dans des tourments indicibles. Notre pensée, notre travail leur appartiennent : le hasard par lequel nous y avons échappé ne doit pas mettre en question l'union avec eux, mais la rendre plus certaine : toutes nos expériences doivent se placer sous le signe de l'horreur qui nous était destinée comme à eux. Leur mort est la vérité de notre vie, nous sommes ici pour exprimer leur désespoir et leur nostalgie. »

Max Horkheimer,
Notes critiques pour le temps présent

« [...] la mémoire historienne ne peut ignorer, à côté des documents "objectifs", l'expérience irremplaçable des témoins, de ceux qui ont vécu les événements. Ces témoins, en accomplissant leur devoir de mémoire, ne sauraient, de leur côté, négliger cette exigence de vérité qui est au cœur du travail de l'historien ; c'est à cette double condition que la mémoire sociale pourra faire son travail de rattachement au passé, en évitant la mythologie sans tomber dans l'oubli. »

Jean-Pierre Vernant,
Œuvres. Religions, Rationalités, Politique

Je voulais vous citer un passage écrit par Aharon Appelfeld (Tsili) :

« Où étais-tu pendant la guerre ? demanda Tsili.

— Pourquoi cette question ? Avec tout le monde, bien entendu. Tu ne le vois pas ? dit-il en tendant le bras. (Son matricule, bleu sombre, était tatoué sur la peau.) Mais je ne veux pas parler de ça. Si je commence, je n'en sortirai pas. J'ai décidé que désormais je me remettais à vivre, c'est-à-dire, pour moi, faire des études, ou plus exactement les terminer. »

Comme Jorge Semprun, Appelfeld évoque ici le choix du silence. Vous nous avez parlé d'un silence obligé, lors de notre dernier entretien. Avez-vous tout de même l'impression d'avoir choisi ensuite le silence quand les premiers témoignages furent entendus ?

Il est clair que ma démarche fut totalement différente de celle de Semprun. Me taire et laisser en moi tout ce que j'avais vécu à Auschwitz-Monowitz n'était pas un choix intellectuel, mûrement décidé. Tout simplement, je ne pouvais pas faire autrement. Le choix ne m'a pas été laissé car je devais d'abord résoudre certains problèmes qui m'ont posé de grandes difficultés. Plusieurs années de travail sur moi-même ont été nécessaires pour m'en sortir.

Consciemment, je me rendais compte que si j'avais dû raconter les choses, toutes les choses, à mon retour, personne ne m'aurait cru. Alors je me suis enfermé sur mon silence et je n'ai rien dit.

A posteriori, j'ai pris conscience que cet enfermement, ce silence sur le passé qui refaisait surface sous forme d'angoisses, de cauchemars... me conduisait à prolonger le silence. Oui, aussi curieux que cela puisse paraître, le silence génère le silence, comme si on s'enfermait dans un cercle vicieux.

Peut-être me serais-je tu encore longtemps si une amie, professeur d'histoire dans un grand lycée parisien, ne m'avait invité à venir parler à ses élèves de terminale. Pendant longtemps, j'ai refusé d'y aller. Je ne voulais pas. Je me disais : « Ça te fait mal, alors tais-toi. » N'en parlant ni à mes enfants ni à mon épouse, pourquoi aurais-je dû en parler à d'autres enfants ?

Et un matin, alors que mon amie continuait à m'appeler régulièrement, il s'est passé une chose absolument magique. En me rasant, face à mon miroir, j'ai eu d'un seul coup la sensation d'avoir en face de moi un étranger, quelqu'un que je ne connaissais pas, qui, comme moi, se rasait, mais de la main gauche. Un vieux monsieur, avec un visage plein de rides et des poches sous les yeux. Les miroirs ne sont pas fidèles, vous savez, ils renvoient de nous l'image qu'on souhaite voir ! Je voulais toujours être un homme jeune et c'est ce reflet qu'auparavant je voyais. Ce matin-là, prenant conscience que j'étais devenu un vieux bonhomme, j'ai eu honte de ma lâcheté. Je me suis dit : « Tu es un lâche, mon vieux, car si tu ne vas pas parler aux enfants, c'est uniquement parce que tu ne veux pas souffrir. Tes parents, ta petite sœur et tous ceux qui sont morts là-bas sont donc morts pour rien ! » Non pas qu'il faille donner une justification à la mort de mes parents et de ma petite sœur, ce serait trop atroce de penser cela ! Leur mort est absurde et rien ne peut la justifier.

Mon devoir m'est apparu alors clairement : je devais utiliser cet événement horrible pour essayer de rendre service aux jeunes, en leur permettant d'ouvrir les yeux sur le monde et la folie de certains hommes. Dans ce seul but, et dans celui-ci uniquement car je ne voulais pas que ma vie concentrationnaire devienne une exhibition, j'ai accepté d'aller témoigner dans cette classe de terminale.

Mais je n'y suis pas allé seul tant je paniquais à l'idée de me trouver devant des jeunes de dix-sept, dix-huit ans. J'avais tellement la frousse que j'y suis allé avec un de mes amis, Pierre V., déporté lui aussi mais parce qu'il était résistant, au camp de Buchenwald-Dora. Pendant deux heures, nous avons parlé avec ces enfants et ça s'est très bien passé. Nous prenions tour à tour la parole pour que l'autre puisse se reposer. À l'issue de ces deux heures, nous nous sommes regardés, heureux que cela se termine aussi bien et satisfaits aussi d'avoir mené à son terme cette intervention qui nous paraissait impossible.

Et puis d'un seul coup, il y eut un moment d'émotion rare. Deux ravissantes élèves se sont levées, l'une d'origine africaine, l'autre européenne, et elles ont récité un poème en se donnant l'une l'autre la parole, comme deux instruments de musique au sein d'un orchestre symphonique. Ce poème écrit par l'un des professeurs de français présents dans la salle évoquait « l'étoile jaune ».

À Clermont-Ferrand, je ne l'avais pas portée, mais cette étoile voulait dire tant de choses pour moi que je me suis mis à pleurer de façon convulsive, je ne pouvais plus m'arrêter. Mon copain, non-juif pourtant, ému peut-être par le poème et sûrement par mes larmes, s'est jeté dans mes bras, en pleurant également. C'était pitoyable, deux gamins de soixante ans dans les bras l'un de l'autre et pleurant à chaudes larmes !

Ensuite, mon amie a donné mes coordonnées à d'autres professeurs, et c'est comme cela que, par un effet boule de neige, j'ai commencé mon « travail de mémoire » en allant dans les classes rencontrer les adolescents. Je l'ai fait à un rythme tel que, durant l'année scolaire 2004-2005, je suis intervenu devant cinq mille sept cents enfants (je me suis amusé à les compter !).

La sollicitation extérieure de votre amie a donc été nécessaire pour vous faire parler de cette époque...

Totalement ! Est-elle arrivée au bon moment ? Au moment où je me sentais prêt ? C'est possible, mais je ne peux pas l'affirmer.

D'après vous, le contexte général, social, l'évolution du regard dans les années 1970-1980 sur la Shoah a-t-il eu son importance dans votre changement personnel ? Peut-il aussi expliquer votre propre désir de parler ?

Je ne sais pas. Peut-on apprécier avec exactitude l'ambiance psychologique dans laquelle on évolue à un moment donné ? C'est assez difficile.

Les intellectuels et les médias parlant plus fréquemment de la Shoah m'ont-ils aidé, ou même ont-ils favorisé ce cheminement qui m'a amené à témoigner ? Je ne sais pas mais c'est probable.

En revanche, je sais que mes interventions ne se limitent pas à ma propre expérience de témoin de la Shoah.

Sans faire d'amalgame entre tous les actes de barbarie, car chacun d'entre eux a sa propre spécificité, je vais rencontrer les enfants, comme l'a dit Paul Ricœur, en tant que victime d'un génocide solidaire de toutes les victimes de tous les génocides de l'histoire. J'insiste toujours beaucoup, lors de mes témoignages, sur ce projet éthique de sensibilisation.

Au tout début de mes témoignages, je parlais probablement davantage de l'événementiel, de la quotidienneté du camp. C'est possible. Mais très vite, j'ai voulu simplement mettre « en scène » ce qui était arrivé à ma famille, si vous me permettez cette image, pour que les enfants puissent se poser d'autres questions et progresser dans leur propre cheminement.

Vous avez parlé de votre numéro, de la volonté de cacher le tatouage d'Auschwitz pendant longtemps. Votre perception de cette « marque » a-t-elle changé au fil des années ? Y a-t-il eu une acceptation ensuite ?

Oui, il y a eu un changement très net. Je peux le situer dans le temps. J'étais étudiant en deuxième année de médecine. Ça allait mal. Pas pour mes études, mais je cachais en permanence ce numéro avec des vêtements à manches longues pour éviter que les autres le voient et me posent des questions. Un jour, alors que j'étais en stage de chirurgie, ayant sympathisé avec l'interne, je lui ai avoué que j'étais très gêné par ce tatouage qui m'empêchait d'avoir une vie normale. Chaque fois que je regardais mon bras, ressurgissaient le camp et ses images terrifiantes.

Il m'a proposé de me l'enlever après une simple petite anesthésie locale et nous avons programmé l'intervention. Dans le même temps et depuis quelques mois, il y avait à Paris une dizaine de Noirs américains inscrits à la faculté de médecine de Paris. Il faut se rappeler qu'existait alors, aux États-Unis, un *numerus clausus* limitant le nombre d'élèves noirs dans les universités d'État. J'étais copain avec certains d'entre eux et surtout avec un certain Joe. C'était un type merveilleux, maîtrisant parfaitement la langue française : nous parlions des nuits entières en refaisant le monde. Comme moi, il était en deuxième année de médecine.

Il s'est passé quelque chose d'assez étonnant. Alors que j'avais rendez-vous avec l'interne pour qu'il me libère de mes angoisses en enlevant de ma vue ce tatouage obsédant, le visage de Joe est passé, comme un songe, devant mes yeux, et j'ai eu honte. Je me suis dit : « Toi, tu veux cacher ton origine juive et ton numéro qui rappelle que tu as été déporté en tant que juif, lui ne peut pas cacher qu'il est noir ! »

Il y a eu alors un revirement total et j'ai annulé mon rendez-vous. J'ai témoigné seulement bien des années plus tard mais j'ai commencé, à ce moment-là, à prendre conscience et à accepter ce que j'étais...

Une acceptation donc de votre identité juive et de ce passé...

Un début, tout au moins. Un début qui m'a conduit vers l'acceptation de ma culture.

Je voulais revenir sur les conditions de vos premiers témoignages. Avez-vous vécu ces premiers témoignages comme une « libération » ou plutôt comme une épreuve ? On peut concevoir que le fait de reparler de ses expériences replonge le témoin dans la douleur et soit vécu alors comme une souffrance supplémentaire...

J'ai analysé cette expérience, *a posteriori*, plutôt comme une voie initiatique vers ma libération. Mais ce fut souvent très difficile lors des premiers témoignages. Il m'est arrivé plusieurs fois, je dois le dire, de pleurer devant les élèves lorsque mes émotions dépassaient le supportable, quand j'évoquais surtout le souvenir de ma mère et la façon dont elle m'avait été arrachée pour disparaître à jamais. L'image de ma mère, avec sa liseuse rose, serrant contre elle ma petite sœur, sur le camion qui les a emportées vers la chambre à gaz, restera à jamais dans ma mémoire un de mes souvenirs les plus douloureux.

Mais curieusement, alors que j'étais attaché à elle par des liens charnels très forts, depuis mon retour d'Auschwitz, je me sens plus proche de mon père au point d'imaginer que j'entretiens avec lui de longues conversations, inventant des réponses que je lui attribue.

Quelques années plus tard, j'ai réalisé que la parole était effectivement libératrice. Au début j'en ai bavé, mais une petite voix me parlait et me disait qu'expliquer mon vécu aux adolescents, que faire revivre, par l'évocation, mes parents, ma petite sœur et tous ceux que j'avais vus souffrir et mourir, allait aussi me faire du bien et qu'il fallait continuer.

Et aujourd'hui, vous avez l'impression que cette activité de témoin vous a libéré d'un certain poids ?

Actuellement, après toutes ces années de témoignage, deux à trois fois par semaine certaines années, je crois pouvoir dire que je suis plus libre. Je suis sorti définitivement du camp même s'il occupe une partie de ma mémoire.

Je peux vous donner trois indices qui le confirment à mes yeux.

J'arrive, dans l'immense majorité des cas, à surmonter, sans trop d'efforts, l'émotion qui parfois me submergeait.

L'odeur du pain grillé est le second indice pour moi... Je m'explique : un jour, dans le camp, j'avais gardé un peu de pain pour le manger dans la matinée. En arrivant sur mon lieu de travail, le froid était très vif et les civils présents avaient fait un brasero dans un fût métallique tout rouillé. Voyant que le kapo s'était éloigné, ils me font signe de m'approcher pour profiter de la chaleur. Pensant « agrémenter l'ordinaire », je prends le petit morceau de pain dissimulé et je le fais griller avant de l'avaler rapidement. Durant trois jours, j'ai été malade comme un chien. Une débâcle intestinale de tous les diables ! Pendant près de 60 ans, l'odeur du pain grillé m'est devenue insupportable. Mais, il y a quelques années, un jour, sans même m'en rendre compte, je me suis surpris à griller des toasts pour mon épouse... Et ils étaient délicieux !

Enfin, un dernier élément. Depuis ma libération, chaque 12 novembre, date de mon arrestation, le chagrin m'envahissait. J'avais tous les ans envie de me coucher le 11 et de me réveiller le 13. Il y a quelque temps, je me réveille un matin et je prends brusquement conscience de la date : nous étions le 13 novembre. J'avais vécu un 12 novembre sans angoisse et sans tristesse. Ma mémoire était apaisée...

Votre témoignage, au fil des rencontres et des prises de parole, a-t-il évolué ? Je pense à la réflexion que fait Jorge Semprun à propos d'un de ses livres, Le Grand Voyage. *Avant d'écrire, explique-t-il, il pouvait avoir l'impression que sa mémoire était en sommeil, mais quand il s'est mis à explorer ses souvenirs pour l'écriture et par l'écriture, elle s'est en quelque sorte ravivée et animée...*

Il y a, pour Jorge Semprun, un effet contradictoire de l'écriture qu'il explique ainsi : « D'un côté, elle aide à apaiser la mémoire en la structurant, de l'autre, elle la ravive. » Et il ajoute : « J'ai aujourd'hui beaucoup plus de choses à raconter qu'avant d'écrire Le Grand Voyage (1961). *» Le fait de raconter a-t-il réveillé chez vous des souvenirs précis que vous aviez refoulés ?*

Auprès des enfants, les codes de la mémoire, ceux qui permettent de remettre au grand jour tout ce qui est enfoui, volontairement ou inconsciemment, se sont réveillés, comme le suggère Semprun, et ont facilité la renaissance de souvenirs précis, en quelque sorte.

Certains événements particulièrement douloureux, occultés dans la majorité des cas, me sont revenus. Cette parole a permis le réveil d'une mémoire mise en sommeil pour essayer de mener une vie normale. La relation des événements vécus est de ce fait actuellement plus riche, plus fournie, plus intensément réelle que lors de mes premiers témoignages.

Diriez-vous que votre témoignage s'est enrichi au fil des années ? Ou qu'il s'est transformé ?

Son évolution indéniable est le fruit d'interrogations personnelles : pour quelles raisons dois-je témoigner ? Est-ce pour raconter mon histoire ? Mais alors dans quel but ? Mon histoire est-elle tellement importante ?

Toutes ces interrogations ont apporté une évolution notable dans ma façon de témoigner. Il m'arrive parfois de ne pratiquement pas parler de mon histoire personnelle. Les événements que j'ai vécus ont déterminé ma propre vie, mon histoire, ma personnalité, mon savoir d'aujourd'hui et c'est ce savoir-là que j'ai envie, je dirais même que j'ai besoin, de transmettre, beaucoup plus que mon passé anecdotique. J'ai besoin de transmettre la réflexion à laquelle mon expérience passée m'a conduit, plus que les détails de cette expérience.

Sur ce point donc, mon témoignage a évolué. Les professeurs qui m'appellent régulièrement et ont assisté depuis parfois plusieurs années à mes témoignages me font l'amitié de me dire que ce n'est jamais la même chose. Ils sont différents parce que le présent que je vis évolue et change. Ils sont liés au monde actuel, aux événements contemporains, à la vie des hommes d'aujourd'hui. Ils évoquent surtout le « vivre ensemble » que nous devons enseigner aux jeunes, la possibilité d'une communauté humaine fraternelle dont la notion même semble inaccessible et improbable à certains.

Ayant plus de devoirs que de droits, le travail de mémoire des rescapés du nazisme et de tous les actes de barbarie est (même si je suis taxé d'angélisme) de montrer que les jeunes et les êtres humains en général, quelles que soient leur culture et leur origine, peuvent vivre en harmonie les uns avec les autres et s'accepter mutuellement. L'évolution de mes témoignages va donc dans ce sens, mais elle se complique actuellement, à l'analyse du monde environnant.

Le contexte dans lequel nous vivons change de jour en jour, l'homme est redevenu fou. Actuellement, l'humanité en laquelle je fonde tous mes espoirs, car l'homme est perfectible, a le hoquet et piétine. Elle semble même parfois régresser. La haine resurgit, prenant comme prétexte des préceptes faussement interprétés d'un Dieu supposé. Les folies des nazis, formatés pour le meurtre et indifférents à la gravité de leurs actes, ont fait école et sont toujours possibles puisque certains s'en réclament encore. Mais, malgré tous ces faits indiscutables et inquiétants, notre devoir envers les jeunes est d'essayer de leur transmettre l'espérance en un avenir meilleur, en un horizon de vie plus clair que la grisaille qui nous entoure.

Le contexte parfois dramatique que vous évoquez donne-t-il encore plus de légitimité à votre engagement comme témoin ou interroge-t-il aussi le témoignage en soulignant sa relativité ? Après tout, on pour-

rait vous objecter que le monde n'a pas changé, que les génocides continuent, que l'antisémitisme perdure...

On peut avoir l'impression, quand on lit les derniers écrits de Primo Levi, d'une certaine lassitude désabusée face à son propre souci de témoigner auprès des jeunes. On a presque la sensation qu'il remet en cause l'utilité de son propre témoignage, qu'un désenchantement tragique le conduit au silence... Il y a une interrogation majeure, me semble-t-il, dans les doutes qu'il exprime : le témoignage est-il davantage justifié par les menaces qui réapparaissent ou est-il renvoyé à une impuissance tragique ? À une inutilité ?

Vous soulevez là plusieurs questions.

D'abord Primo Levi. Il n'a cessé de témoigner depuis sa sortie des camps et son retour en Italie. La première édition de *Si c'est un homme* date, je crois, de 1947. Elle n'a d'ailleurs eu aucun succès : quelques centaines d'exemplaires alors que c'est un livre remarquable, de portée universelle. Primo n'est pas, n'est jamais sorti du camp. Il avait en lui un pessimisme profond. J'ai toujours ressenti, à le lire, cette profonde désespérance envers l'humanité. Un de ses amis, Mario Rigoni Stern, dans un livre que je viens de lire, *Le Poète secret*, souligne son pessimisme et sa méfiance essentielle envers les hommes.

Sans vouloir faire de la psychanalyse primaire, je pense qu'elle est surtout due au fait qu'il n'a pas pris le temps de sortir psychologiquement du camp. À peine était-il libre qu'il a écrit sur les camps et, très tôt, il a témoigné dans les écoles, à une époque où les gens ne voulaient rien entendre. Et ce fut, me semble-t-il, d'autant plus difficile pour lui qu'il l'a fait dans un pays qui fut, un temps, fasciste et allié de l'Allemagne nazie.

Moi, j'ai mis beaucoup de temps, quarante années, à pouvoir reparler du camp. Mais ces quarante années m'ont permis de sortir du camp, de mettre à distance cette expérience et de ne pas vivre, tout le temps, dans le ressassement d'un chagrin destructeur.

Cela étant, il faut aussi avoir conscience de nos limites. Nous ne sommes qu'un fragile grain de sable dans cet univers, une petite poussière, et quelles que puissent être nos bonnes intentions, nos bonnes volontés, notre influence sera modeste. Je conserve cependant un optimisme tempéré mais solide, même si, pour certains, il n'est qu'angélisme.

Souvent les enfants me disent : « Il y a eu des génocides avant mais aussi après la dernière guerre... Malgré la Shoah. Elle n'a donc servi à rien ! » Je leur réponds alors que si une bonne fée venait maintenant dans la classe et faisait revivre une personne de chaque génération qui nous sépare de Jésus-Christ par exemple, pour prendre un repère de l'histoire qui nous paraît bien lointain, il n'y aurait que trente-trois vies de soixante ans, entre Jésus-Christ et nous. Alors un peu de patience ! Bien sûr, cela les fait sourire, mais je crois que cette image est importante pour ne pas désespérer des êtres humains. Il faut simplement être patients et ne jamais rester indifférents devant les injustices commises par certains hommes.

Nos interventions auprès des enfants ne sont pas inutiles surtout lorsqu'ils prennent conscience que des rescapés du pire des enfers mettent toute leur foi en l'avenir des hommes, ont conservé une espérance malgré la barbarie. C'est cette espérance qui fonde, en ce qui me concerne, le désir de témoigner.

Pour compléter ce que vous disiez sur Primo Levi, je voudrais vous citer une réflexion que j'ai trouvée dans un livre rassemblant plusieurs de ses entretiens : « Je connais des camarades de déportation, hommes ou femmes, qui ont tout effacé, qui ont fait de leur mieux pour tout effacer. Certains y sont parvenus, ils ont, comment dire ? supprimé ce souvenir qui les dérangeait ; d'autres l'ont supprimé le jour mais y rêvent la nuit ; d'autres encore vivent à l'intérieur de ce souvenir, et c'est la voie que j'ai choisie. »

Primo Levi distingue donc trois attitudes ici : celle de l'amnésique, celle du survivant hanté par ses cauchemars, celle du témoin... Un témoin est-il toujours « à l'intérieur du souvenir » ?

Je vois une quatrième attitude qui s'ajoute à celle que décrit Levi, celle du rescapé qui n'a rien oublié mais qui, avant de parler, veut laisser le temps au temps afin que la souffrance s'atténue ou cicatrise. Seulement cette cicatrice, loin de disparaître avec les années qui passent, reste en relief comme une chéloïde, elle démange parfois, saigne à d'autres moments et pleure même assez souvent.

Quant au temps de silence, j'ai vraiment le sentiment que pour l'immense majorité des rescapés, il a été indispensable pour reprendre le cours d'une vie normale. Comment peut-on vivre comme tout le monde si chaque acte de la vie quotidienne trouve ses références dans des événements douloureux passés ? Comment peut-on aimer les autres si l'on revit en permanence la haine ou l'indifférence que les bourreaux avaient pour nous ? Comment prôner la non-violence si l'on vit toujours la brutalité des kapos ?

Est-il important, dans votre esprit, de devenir le « défenseur des morts » ? Le défenseur de leur mémoire ? Le travail de Serge Klarsfeld par exemple, avec son livre monumental, Le Mémorial de la déportation, *ou le travail qui est fait au Mémorial de la Shoah à Paris, avec l'inscription des noms de chacun des déportés, a-t-il selon vous sa légitimité, son importance ?*

Bien sûr. Je ressens ce besoin avec mes familiers, mes parents, ma petite sœur. Il m'arrive de dire aux enfants : grâce à vous, ils revivent un peu, même si je ne leur parle pas toujours directement d'eux. Même si je ne leur dis pas que mon père s'appelait Faivel, ma mère Malka, même si je ne leur dis pas que ma petite sœur s'appelait Monique... Le fait de parler de ce qu'ils ont subi, avec d'innombrables autres, les fait revivre un peu.

Ils sont bien présents et m'accompagnent lorsque je parle d'Auschwitz, de ses chambres à gaz et de ses fours crématoires.

Avez-vous été particulièrement touché quand vous avez vu le nom de vos familiers sur le mur qui est consacré aux déportés de l'année 1943, ou la photographie de votre petite sœur au Mémorial de la Shoah à Paris ?

Bien sûr ! J'avais les larmes aux yeux et le cœur bien gros en voyant la photo de ma petite sœur au Mémorial de la Shoah à Paris... Un nom, un visage, un corps photographié, concrétisent les choses pour ceux qui n'ont pas connu ces événements et ont valeur d'évocation pour ceux qui les ont vécus. Quand, sur un mur du souvenir, vous mettez les noms des gens dont on évoque le souvenir, quand vous montrez les photos, tout devient réel, leur vie et leur disparition. Le Mémorial parisien est un peu le cimetière des martyrs juifs français.

Je suis allé à Varsovie, il y a quelques années, et j'ai visité le site où était le ghetto, enfin ce qu'il en reste aujourd'hui, c'est-à-dire bien peu de chose. Des bornes le long du parcours avec des inscriptions en polonais, en allemand et en anglais racontent ce qui s'est effectivement passé. Deux maisons, conservées comme des reliques, témoignent pour tout le ghetto.

Au détour d'une petite ruelle, on arrive devant un mur ressemblant un peu à celui du Mémorial à Paris. Sur ce mur il n'y avait que des prénoms, des prénoms de déportés juifs polonais, et j'ai vu Faivel, le prénom de mon père, et j'ai vu Malka, le prénom de ma mère. Pour moi, mon père et ma mère étaient inscrits là, même si ce n'était que des prénoms et que ni l'un ni l'autre n'avaient vécu dans le ghetto de Varsovie !

Je voudrais revenir un instant en arrière... Au retour des camps, l'écriture a pu par-

fois être utilisée comme sauvegarde des souvenirs mais aussi refuge contre la surdité ambiante et le mutisme contraint... C'est ce qu'explique par exemple la psychanalyste Régine Waintrater : « Peu de survivants ont pu parler à leurs proches de ce qu'ils avaient vécu et se sont repliés sur eux-mêmes en choisissant la feuille blanche comme seul confident. »

Vous avez confié avoir écrit le récit de votre déportation, récit destiné à vos enfants ou à vos familiers. Pouvez-vous nous parler de ce récit et nous dire vos sentiments aujourd'hui face à ce texte ? Est-ce parce que vous ne pouviez témoigner oralement que vous avez éprouvé le besoin d'écrire votre histoire ?

Tout à fait. J'avais comme une espèce de besoin de voir tous ces souvenirs me survivre. Je voulais surtout que mes enfants sachent tout de leur passé, car mon passé, c'est le leur. C'est tellement le leur que je dis parfois qu'ils étaient avec moi à Auschwitz. Car, sans le souhaiter bien sûr, j'ai dû les charger du poids de mes angoisses. Ne pouvant pas leur parler directement, je pensais que l'écrit pourrait pallier ce manque.

J'ai écrit ce texte quelques années après mon retour.

J'en ai donné un exemplaire à mon épouse et un à chacun de mes enfants en leur demandant de le lire lorsque je ne serai plus là. Je crois qu'ils ne m'ont pas écouté !

Je ne l'avais pas ouvert depuis trente ans environ. Quand je l'ai relu il y a quelques mois, j'ai eu les larmes aux yeux. Des scènes que je ne voulais pas évoquer, je les avais « crachées » dans ce livre. J'ai retrouvé des souvenirs dont je ne parle pas du tout aux enfants, ni à personne d'ailleurs. Ça m'a beaucoup ému.

J'avais appelé ce petit texte « Les larmes d'Auschwitz », larmes que j'ai versées en le relisant. Comme la barbarie sévit toujours dans le monde, au début je voulais l'appeler « La fumée sort toujours des hautes cheminées d'Auschwitz ».

Vous m'aviez fait part un jour d'une relative « insatisfaction » à l'égard de ce texte...

Oui, car je l'estimais très insuffisant. Il n'avait qu'une finalité : expliquer à mes enfants ce que je ne pouvais pas leur dire. Ce document n'évoquait que l'événementiel, occultant complètement l'enseignement que j'avais acquis là-bas. C'est en cela qu'il est insuffisant et assez mal écrit car je l'ai vraiment « craché ».

Et avez-vous eu ce sentiment dont parlent la plupart de ceux qui ont tenté de raconter leur expérience des camps, ce sentiment de ne pouvoir, avec les mots, saisir ou représenter l'intensité tragique et l'horreur unique de cette expérience ? Aharon Appelfeld parle par exemple du « sentiment d'effleurement » dans son livre autobiographique, Histoire d'une vie... *Avez-vous eu ce « sentiment d'effleurement » quand vous avez voulu raconter votre expérience ?*

C'est là toute la difficulté du langage écrit. Il faut avoir un talent extraordinaire pour seulement approcher, je ne dis pas décrire avec exactitude, c'est impossible, mais seulement effleurer, comme dit Appelfeld, cette expérience hors normes, étrangère à nos représentations classiques et à nos mots habituels. Même Primo Levi, auteur de talent, n'arrive pas à décrire l'odeur, le regard hébété des déportés, leurs yeux exorbités, leurs cris...

C'est l'insuffisance du mot écrit par rapport à la parole. La parole utilise avec le mot tout un champ dynamique de sensations, le son, le chant, l'intonation qui font toute la valeur et la force de l'oralité. Je me sens plus à l'aise devant une caméra quand je peux mettre le son, la musique, sur les mots que je prononce... La phrase écrite supprime un peu la spontanéité car on la lit puis la relit, on la corrige, on cherche le mot juste, on rature souvent le premier jet qui reste la seule spontanéité du langage écrit. En parlant, la phrase peut être bancale mais cela n'a pas beaucoup d'importance, son chant compense son déséquilibre.

Le langage oral m'est beaucoup plus familier que l'écrit et il me semble plus fidèle puisque la musique du mot éveille l'émotion.

Le témoin doit-il avant tout décrire ce qu'il a vécu ou tenter de lancer des pistes de réflexion, à partir de son expérience ?

Laissons aux historiens le soin d'écrire l'histoire, nous, nous ne le pouvons pas parce que nous n'aurons jamais le recul suffisant, ni l'impartialité nécessaire pour être les écrivains de l'histoire. Laissons même, s'il le faut, s'effacer le détail de ce que nous avons vécu puisqu'il est indicible.

Ce qui me paraît beaucoup plus important c'est de rappeler certaines vérités. Il y a eu des hommes qui ont tué d'autres hommes, uniquement pour ce qu'ils étaient, et sans autre justification que celle-ci. Qu'ont-ils fait de ces morts ? Ils en ont fait des matières premières puisque les cheveux servaient à faire du tissu et à fourrer les bottes des soldats sur le front russe, les dents en or servaient à fabriquer des lingots qui dorment peut-être encore dans les coffres de certaines banques. Ils envisageaient même de produire du savon avec la graisse qui sortait des fours crématoires.

Ce fut un génocide car au crime contre l'humanité s'ajoutait la volonté de persécuter des individus, la volonté de détruire un groupe en tant que tel. Ce génocide a eu aussi la particularité d'être un génocide d'État. Si l'on situe cette effroyable histoire au sein de la barbarie humaine, tout en reconnaissant bien sûr ce qui en fait la singularité, le rôle des témoins ne se limite pas alors à raconter l'histoire puisque celle-ci, pour des jeunes adolescents, n'a pas grande valeur d'exemplarité. En revanche, ce qui me paraît essentiel, c'est de leur montrer que le bonhomme qui a vécu ces atrocités garde foi en l'avenir car il croit en l'homme et en sa perfectibilité.

En s'éloignant du strict récit des faits, le témoin ne risque-t-il pas justement de sortir de son rôle, de perdre en légitimité ?

Lorsque le témoin, comme je le fais auprès des adolescents, s'éloigne du strict récit du passé pour aborder des zones, disons, plus philosophiques, il existe indiscutablement le risque qu'il ne soit plus considéré comme un témoin. Qu'est en effet le témoignage dans l'esprit de certains, si ce n'est la relation la plus fidèle possible des événements auxquels on a assisté ?

Sitôt que l'on aborde, par exemple, « l'art de vivre ensemble », on cesse d'être un témoin au sens strict du terme, même si cet « art de vivre ensemble », les nazis nous l'ont appris négativement, dans leur refus de nous voir vivre.

Mais ce qui m'importe, c'est l'utilité de mes propos. Dans les témoignages que j'apporte aux jeunes, c'est la relation entre les hommes qui m'importe. C'est parce que les nazis refusaient l'idée même de notre vie que j'essaye d'apprendre aux jeunes à respecter celle des autres. Je ne veux pas être de ceux qui disent : « Souffrez parce que j'ai souffert, pleurez, parce que j'ai pleuré. »

Je conseille au contraire aux jeunes d'agir pour diminuer le poids des souffrances humaines et ne pas céder à la cruauté qui nous guette tous. Je sais que je peux être taxé de candeur et d'angélisme, mais je préfère cela à l'inaction ou au silence.

D'une certaine façon, le témoignage enrichit l'histoire ?

L'histoire s'écrit avec les documents et les archives conservés. Mais pour la Shoah, beaucoup de ces matières premières du travail historique ont été détruites. Les récits des témoins, lorsqu'il est possible de les recueillir, permettent de mieux comprendre l'organisation des camps et l'inhumanité subie dans ce cadre. Ils permettent de comprendre la souffrance, la déshumanisation, l'entreprise d'extermination et de mort à l'œuvre dans les camps. Il n'y a pas contradiction entre histoire et témoignage selon moi, il y a plutôt interaction. L'histoire se nourrit aussi de la mémoire des hommes.

Ce qui est reproché parfois au « devoir de mémoire », c'est de rester enfermé dans un ressassement sans fin du passé le plus cruel...

Ce reproche me semble justifié si les témoignages se limitent à ce que j'appelle le « devoir de mémoire ».

Le « travail de mémoire », en revanche, est tout autre chose ; il est davantage tourné vers le futur, il ne ressasse donc pas le passé tout en l'explorant. Il refuse la victimisation pour s'orienter vers l'enseignement de ce que nous avons appris là-bas sur les hommes et sur leurs possibles faiblesses.

Quelle différence faites-vous justement entre le « devoir de mémoire » et le « travail de mémoire » ?

Je vais tenter d'être plus explicite. Le « travail de mémoire » pourrait être résumé ainsi : « J'ai pleuré, je ferai tout pour que vous n'ayez pas à pleurer à votre tour, et faites tout, de votre côté, pour qu'aujourd'hui et demain les êtres humains n'aient plus à pleurer de l'injustice de certains hommes. » Alors que le « devoir de mémoire » s'apparenterait plutôt à : « Regardez combien j'ai pleuré, vivez dans votre chair ce que j'ai souffert et compatissez à ce que fut ma souffrance. »

Le « devoir de mémoire » est un retour sur le passé, une somme de souvenirs et d'événements anciens que le témoin a vécus et raconte. Le « travail de mémoire », c'est l'utilisation du passé pour une réflexion sur le présent et une projection vers l'avenir. « La mémoire n'a de valeur que si elle se transforme en projet » a dit Ricœur, c'est-à-dire si elle nous projette dans le futur, si elle œuvre à l'amélioration de la vie humaine. Boris Cyrulnik déclarait lui aussi : « Il n'y a pas de devoir de mémoire mais il y a un devoir de faire quelque chose de sa mémoire, un projet. »

Laissons aux historiens le soin d'écrire l'histoire du passé. Les témoins sont trop impliqués, trop concernés pour pouvoir écrire l'histoire avec sérénité et acquérir la distance nécessaire à l'égard des événements. Notre tâche, à nous témoins, c'est de faire un travail de mémoire, c'est-à-dire essayer d'améliorer un tant soit peu ceux qui nous écoutent. Ou, au minimum, faire en sorte qu'ils se posent des questions.

Les bourreaux que nous avons connus étaient des hommes ordinaires, ils n'étaient pas des fous, même s'ils ont commis les plus impardonnables folies. Ils étaient des êtres ordinaires comme je le suis, comme nous le sommes tous, et, à ce titre, nous pouvons tous, dans certaines circonstances, devenir des bourreaux si nous refusons de nous remettre en permanence en question. Voilà ce que nous devons montrer aux jeunes afin qu'ils se méfient d'abord d'eux-mêmes. La barbarie n'est pas l'apanage de l'autre.

J'essaie aussi de m'interroger sur ce passage décisif, sur ce basculement qui peut faire un bourreau d'un homme ordinaire. Il faut en permanence travailler sur soi pour éviter cette impardonnable dérive. En vue d'une amélioration espérée.

Quand le concept de « devoir de mémoire » est apparu, c'était aussi, je crois, pour montrer l'importance de la mémoire de la Shoah à un moment où l'on faisait encore largement l'impasse sur le génocide des juifs. On ne voulait pas vraiment écouter les victimes ni examiner l'apparition d'une inhumanité si scandaleuse pour l'homme occidental supposé évolué. Il y eut une époque de surdité, de culpabilité et de culpabilisation. Puis, à la fin des années 1970, les « négationnistes », que Vidal-Naquet appelle les « assassins de la mémoire », apparaissent et font grand bruit, même s'ils sont en nombre très limité. Des événements comme l'attentat de la rue Copernic en 1980 et la réapparition d'une extrême droite, la résurgence d'un antisémitisme proclamé expliquent aussi l'urgence ressentie par un témoin comme Primo Levi et le « devoir » de parole affirmé alors. J'ai parfois été assez surpris de la légèreté de certaines critiques adressées aujourd'hui au « devoir de mémoire ». Pourquoi ressasser disent certains, pourquoi nous répéter des histoires que l'on connaît ? Ils oublient que pour les nouvelles générations, cette époque est plus que jamais source d'interrogations.

On peut se demander tout de même si l'antisémitisme contemporain ne justifie pas, plus que jamais, un devoir de mémoire complémentaire du devoir d'histoire. Les jeunes doivent étudier cette période, ils doivent aussi entendre, lire ou voir des témoignages qui leur feront comprendre les drames humains individuels et uniques.

Bien sûr, le « devoir de mémoire » est nécessaire pour redonner la parole aux témoins, relayer cette parole, et la conserver. Mais il trouve sa limite quand il est cantonné aux souvenirs. Face à cette mémoire qui risque alors de se figer dans la stupeur et dans le ressassement d'événements strictement tragiques et incompréhensibles, le « travail de mémoire » prend le relais.

Celui-ci ne peut se faire que s'il y a eu auparavant un « devoir de mémoire », puisque les principes du « bien vivre », au sens humaniste du terme, se fondent sur des comportements, des prises de position, des actions dont les hommes doivent se prémunir pour éviter de devenir, à leur tour, des bourreaux pour les autres hommes. Dans les événements qui nous intéressent, ces réflexions se fondent sur le génocide des juifs et des Tziganes qu'il ne faut pas oublier.

On peut prendre également l'exemple de la Première Guerre mondiale ; ceux qui l'ont faite l'ont racontée, pendant longtemps, comme si elle avait été une épopée, un apogée glorieux pour le combattant.

Il n'y a jamais eu alors de véritable « travail de mémoire », de retour critique sur cette période. Il a fallu attendre de longues années avant que l'on ose parler des horreurs de cette guerre, que l'on entende certains témoins dire que c'était effroyable, que c'était horrible.

Non, cette guerre ne fut pas une épopée, mais une épouvantable boucherie, un inhumain calvaire tant pour tous ces pauvres soldats français que pour ceux qui étaient allemands, qui tous croupissaient dans la boue des tranchées. Imaginons qu'après cette guerre les poilus se soient donné pour devoir de faire ce « travail de mémoire » plutôt que se limiter à en conter l'histoire, peut-être que la deuxième guerre n'aurait pas connu les horreurs que l'on sait. Peut-être !

Sentez-vous une écoute ou des réactions particulières quand vous intervenez auprès des jeunes dans les collèges ou les lycées ?

Ah oui ! Je vais vous raconter une anecdote... Il y a deux ans, j'ai témoigné dans une école du 93. Un collège difficile avec une population d'immigrés. J'interviens au CDI de l'établissement, dans de mauvaises conditions. Les tables étaient rondes et certains étaient obligés de me tourner le dos, mais la bibliothécaire s'était arrangée pour qu'il y en ait le moins possible !

Arrive un jeune Maghrébin, en retard, volontairement selon ce que j'ai compris. Il se met à une table en me tournant ostensiblement le dos. La bibliothécaire l'interpelle et l'oblige à se déplacer. Après quelques protestations, il se place derrière une colonne. Je ne le voyais pas. Il voulait me montrer qu'il se cachait, en me provoquant presque et en affichant ouvertement son désintérêt pour tout ce que je contais.

À un certain moment, une question m'est posée sur le conflit israélo-palestinien et sur les enfants qui y trouvaient la mort. J'y réponds avec sincérité en disant que pour moi, quelles que soient son origine et sa confession, rien ne justifie la mort d'un enfant, toujours douloureuse à mon cœur. Je continue à intervenir et à répondre aux questions, parfois difficiles, et petit à petit, tout seul, sans que personne ne demande rien, j'ai entendu cloc, cloc, la chaise qui se déplaçait. Et le jeune s'est avancé pour me regarder. Il me regardait sans animosité, sans agressivité. Il me regardait comme un homme qui, bien qu'il ait souffert dans sa jeunesse, ne ressent aucune haine et comprend la douleur. Comme un homme qui donne à chaque être humain place égale dans la grande chaîne humaine.

Sinon ce sont des anecdotes adorables comme la réflexion d'un enfant dans un collège de Lille : il m'interpelle, et, avec un accent prononcé, mi-maghrébin, mi-chti du Nord, me demande, en se tapant plusieurs fois sur la main pour retrouver le mot qu'il cherchait : « M'sieur, m'sieur, vous l'avez toujours, votre... votre... votre code-barre ? »

Évidemment ce n'était pas du tout agressif ni provocateur de sa part. C'était plutôt drôle et j'ai bien ri !

Il y a même une qualité d'écoute assez exceptionnelle qui m'avait frappé quand je vous ai vu pour la première fois. Les enfants sont captivés...

Je me suis effectivement souvent rendu compte de cette qualité d'écoute quand on aborde ces sujets. Il y a quelques jours, j'étais invité dans une ville de province : je devais intervenir devant trois cent cinquante enfants après la très belle pièce de théâtre écrite par Hélène Daché sur des textes de Charlotte Delbo et intitulée *Auschwitz et après ?*.

C'était extraordinaire. La pièce était remarquable et j'avais devant moi trois cent cinquante adolescents qui venaient d'entendre un texte sombre et parfois difficile, c'était émouvant : je n'entendais pas un bruit, rien. J'avais la sensation d'une réelle communion entre tous ces jeunes et moi.

Les témoignages d'autres déportés ont-ils eu pour vous une certaine importance ? Ont-ils pu faciliter votre prise de parole ?

J'ai lu Primo Levi, j'ai lu Semprun parce que c'est un auteur de qualité et quelques autres aussi.

Primo Levi, parce que nous avons été dans le même camp. Je ne l'ai pas connu mais j'étais curieux de savoir comment il allait tout expliquer. J'ai lu presque tous ses livres. En revanche j'ai vu très peu de films. Je n'ai jamais vu *Nuit et brouillard*, je n'ai jamais vu de films documentaires, en dehors de *Shoah* de Lanzmann pour lequel j'avais été invité. Ces films peuvent-ils m'apporter autre chose que de la douleur, de la souffrance ?

Et des films de fiction comme La vie est belle *de Benigni ?*

Celui-là, je l'ai vu aussi et dans des conditions très particulières. J'étais invité par une association, Mémoire 2000, qui utilise le cinéma pour introduire une réflexion sur la mémoire auprès des élèves. J'ai vu le film avec plusieurs centaines de jeunes.

Je l'ai adoré pour plusieurs raisons. Tout d'abord, ce n'est pas un film sur Auschwitz : les costumes sont trop propres, trop bien repassés. Le fils de Benigni ne pouvait pas se retrouver un jour à une table, avec des enfants SS ! Tout ce film est une fiction et s'annonce comme telle. De plus, ce film est humoristique et traite l'antisémitisme avec dérision : souvenez-vous de la scène extraordinaire, dans la première partie du film, où le héros prend la place de l'inspecteur d'académie antisémite et se moque de ses convictions.

La deuxième partie, je l'ai aimée pour d'autres raisons : je me suis un peu retrouvé dans ce petit garçon (même s'il était plus jeune que moi) auquel son papa dit à peu près : « Tout ce que tu vis ici n'est qu'un jeu et, si tu joues bien, tu auras mille points et gagneras un tank. » Ce petit garçon s'est donc mis à rêver comme je me suis évadé moi-même dans l'imaginaire.

Ce que vous avez apprécié, c'est ce que certains reprochent parfois au film : son caractère fantaisiste et irréaliste ?

Aucun film ne peut être réaliste et montrer ce qui, réellement, fut.

Que pensez-vous de la position assez tranchée qui consiste à condamner toute fiction traitant de la Shoah ?

Un jour, un groupe de lycéens est venu me voir chez moi. Ils travaillaient sur un sujet difficile dans le cadre des TPE : « La fiction, quelle qu'elle soit, peut-elle transcrire la réalité exacte de la Shoah ? »

Nous en avons discuté tout l'après-midi. C'était passionnant. Et nous avons fini par penser qu'une seule forme d'expression artistique ne suffit pas pour être, à elle seule, un « passeur de mémoire ». En revanche, la réunion de plusieurs formes artistiques peut peut-être approcher la réalité. Que serait le film sans les dialogues auxquels se mêle la musique ? La photo n'a-t-elle pas plus de force lorsque la légende l'accompagne ?...

Mais, même si une fiction ne peut transmettre la réalité, elle peut permettre de l'approcher, de l'imaginer, de réfléchir. C'est loin d'être négligeable.

Jorge Semprun justifie aussi la fiction en tant que relais de mémoire : elle l'entretient ; l'imaginaire nous projette dans un ailleurs inconnu : « Il va falloir que les romanciers s'approprient cette mémoire. Si l'imagination ne prend pas possession de ce territoire documentaire, la mémoire réelle va s'épuiser... »

Dans la mesure où l'on ne plonge pas dans un monde trop romancé et éloigné de la réalité... Semprun utilise parfois l'imagination mais il la situe sur un fond de réalité.

Les films recueillant des témoignages comme le Shoah *de Lanzmann ont-ils eu une importance pour vous ?*

En fait oui, une assez grande importance, surtout le témoignage très émouvant de ce coiffeur, établi en Israël et ancien du *Sonderkommando*.

Ce qu'a fait Spielberg me semble aussi très important, mais dans un autre domaine, car les interviews de centaines ou plutôt de milliers de rescapés qu'il a filmés, seront, pour les chercheurs, une source irremplaçable de renseignements. C'est fondamental de posséder une telle banque de données.

Quant au film de Lanzmann, outre la qualité des témoignages, il a le mérite d'avoir été le premier grand film qui ait réussi à faire parler les témoins.

Est-il nécessaire selon vous qu'il y ait des relais de mémoire lorsque les témoins directs ne seront plus là pour expliquer les événements vécus aux enfants ? Qui doit relayer cette mémoire ?

J'ai, sur ce sujet, un avis personnel et probablement critiquable.

Tout d'abord je crois que personne ne peut transmettre cette mémoire *stricto sensu*, en dehors des témoins eux-mêmes. Seuls les témoins directs peuvent transmettre le souvenir précis de ce qui fut, et être crédibles auprès des autres.

Le « passeur de mémoire », à mon sens, est d'une autre nature. Il est celui qui transmet et poursuit le « travail de mémoire », la réflexion sur l'homme après Auschwitz. Il doit transmettre sa foi en l'homme et en sa perfectibilité. Transmettre aussi le respect de l'autre et pas uniquement l'amour de l'autre.

Si les relations entre les hommes n'étaient guidées que par l'amour et si le respect de la dignité de l'autre n'était pas un impératif catégorique, on pourrait s'arracher les yeux en prenant l'amour comme prétexte. Au nom de l'amour j'ai souvent vu dans un couple l'un des deux devenir le tyran de l'autre : « Moi je t'aime, et parce que je t'aime, je sais ce qui est bon pour toi (!) » Et, au nom de l'amour, l'autre se voit contraint de supporter certaines choses dont il n'a nullement envie ! J'ai parfois assisté à des prises de position quasiment dictatoriales lorsque ne coexiste pas, avec l'amour, le respect de la dignité de l'autre, le respect de sa liberté !

Le passeur de mémoire est investi d'une mission : transmettre le désir et l'art de « vivre ensemble », le respect de l'autre quelles que soient sa couleur de peau, sa religion, sa culture.

Mais cela présuppose un véritable travail sur soi-même. Il faut tout faire pour incarner ces valeurs au quotidien, lutter contre nos faiblesses et nos défauts. Permettez-moi une image que je vais emprunter à un philosophe dont j'ai oublié le nom : « Il faut vivre selon son éthique en espérant qu'on nous regarde. » Et c'est loin d'être toujours facile !

*Le philosophe Jean-Pierre Faye (*La Déraison antisémite*) explique que la mémoire de l'époque nazie doit faire aussi une place aux Justes. Toutes ces personnes qui se sont parfois engagées, au mépris de leur propre sécurité, pour sauver des juifs pendant la guerre.*

Il cite quelques exemples : au Danemark, le sauvetage organisé des juifs et le déplacement programmé vers la Suède, en France aussi, au Chambon-sur-Lignon, où la population, protestante principalement, a caché et protégé des réfugiés juifs poursuivis...

Cette mémoire des Justes doit-elle aussi, selon vous, être transmise et étudiée ?

Oui, car c'est une mémoire fondée sur le sentiment humain le plus profond au sein de l'humanité souvent défaillante.

Les Justes doivent figurer en bonne place dans le « devoir de mémoire » et les témoignages de leurs actions doivent être recueillis. Mais leur exemple doit surtout alimenter le « travail de mémoire » et la réflexion : pourquoi ont-ils décidé de risquer leur vie pour les autres ? Voilà un sujet d'investigation !

Je vous ai raconté le courage de ces Tchécoslovaques qui, sur les passerelles, nous jetaient du pain alors que les SS les prenaient pour cible avec leurs mitraillettes. Ils étaient admirables, mais ne faisaient que leur métier d'hommes comme nous souhaiterions voir tous les hommes faire le leur.

Le « travail de mémoire » œuvre pour le futur. Il doit aussi honorer ceux qui, conscients d'appartenir à une communauté humaine, ont repoussé l'animalité présente en chacun de nous, la peur et une certaine bêtise. Il doit montrer des êtres humains qui se comportent comme des hommes afin de cultiver l'espérance.

Qui étaient les Justes, appelés maintenant « Justes d'entre les Nations » ? Des êtres humains qui se sont simplement comportés comme des êtres humains en considérant les juifs comme des hommes à part entière, comme des humains parmi les autres humains.

Les Justes ont fait leur métier d'hommes. Mais comme l'homme n'a pas encore atteint, loin s'en faut, le stade ultime de son évolution, je les cite toujours en exemple lors de mes interventions pour que les enfants puissent comprendre pourquoi ils ne doivent jamais désespérer de l'humain. Même si leurs actions furent exceptionnelles !

V

Retour à Auschwitz, pardon et humanisme

« Le pardon, s'il y en a, ne doit et ne peut pardonner que l'impardonnable, l'inexpiable – et donc faire l'impossible. Pardonner le pardonnable, le véniel, l'excusable, ce qu'on peut toujours pardonner, ce n'est pas pardonner. »

Jacques Derrida, *Le Pardon*

« Le pardon est la seule réaction qui ne se borne pas à réagir mais qui agisse de manière nouvelle et inattendue, non conditionnée par l'acte qui l'a provoqué, et qui par conséquent libère des conséquences de l'acte à la fois celui qui pardonne et celui qui est pardonné. »

Hannah Arendt,
Condition de l'homme moderne

Sam, vous êtes retourné je crois à Auschwitz il y a quelques années ?

Oui, c'était en 1995, il y a plus de dix ans.

Pouvez-vous nous parler de ce voyage ? Pourquoi avez-vous décidé d'y retourner ?

Je voulais y aller depuis longtemps. J'avais un besoin un peu inexplicable de retourner là où étaient morts mes parents et ma petite sœur. Mais ce besoin que je gardais assez secret n'était pas formulé en moi aussi clairement qu'aujourd'hui. Je le ressentais néanmoins avec intensité. Je ne pouvais pas retourner là où j'avais été déporté, puisque le camp de Buna-Monowitz construit pour fournir des esclaves loués par la SS à l'IG Farben a été entièrement brûlé par les Russes. Il ne reste plus rien, une stèle et c'est tout.

Je voulais retourner à Auschwitz avant de mourir, retourner sur les lieux où mes parents avaient fait leurs derniers pas, retrouver leurs traces peut-être encore marquées dans la neige. Les chrétiens se recueillent sur leur mémoire en commémorant leurs morts, tous les ans, le 2 novembre. Moi, comme tous les enfants de victimes d'Auschwitz, il ne me reste rien : ni linceul ni tombe. Il ne nous reste rien d'autre que ce qui vit encore dans notre cœur. Et ce besoin me hantait, tellement il était fort.

Un voyage a été organisé en 1995 et je me suis inscrit tout de suite. Mon épouse a voulu m'accompagner : « Il n'est pas question que tu partes là-bas sans moi », m'a-t-elle dit. Estimant n'en avoir aucun droit, je ne voulais pas lui imposer cette épreuve. Mais je dois sincèrement avouer que sa réaction spontanée m'a fait grand plaisir. La vie est une aventure solitaire. J'allais me retourner sur mon passé, mais, mon épouse près de moi, je ne serais plus seul et pourrais le regarder en face. Je pouvais l'aborder avec sérénité puisque la femme que j'aime, dans ce voyage initiatique, allait me tenir la main et par sa présence me soulager d'un grand poids. Cinquante années plus tôt, j'avais été plongé d'un seul coup dans un univers d'une folie indescriptible et dans la solitude lorsque les SS m'avaient arraché à ma famille. Seul, j'avais lutté pour survivre et m'en sortir alors que je n'étais pas préparé pour affronter cet univers démentiel.

Elle a téléphoné à mes quatre enfants et trois, sans l'ombre d'une hésitation, ont décidé de nous accompagner. « Il est hors de question que papa retourne là-bas sans nous, a répondu mon fils cadet, il ne retournera pas seul, en homme libre, là où il fut enchaîné. » Seule ma fille aînée n'est pas venue avec nous, m'avouant qu'elle n'était pas prête à effectuer cette démarche. Je l'ai parfaitement compris, lui donnant même raison.

Nous sommes donc partis là-bas tous les cinq.

Ce voyage a été très, oui vraiment très émouvant pour moi. Pas émouvant parce que je revoyais des lieux connus qui m'auraient rappelé des épisodes précis et tristes, mais parce que j'y retournais avec ma famille. Lorsque je suis passé sous le portail d'entrée, sous l'inscription « *Arbeit macht frei* », « Le travail c'est la liberté », maintenant que je savais ce que signifiait, pour les SS, ce travail, que je connaissais la signification qu'avait ici la liberté, j'ai éclaté en sanglots. Je m'appuyais sur ma femme d'un côté, de l'autre sur ma fille. Mon dernier fils avait, en permanence, sa large main posée sur mon épaule gauche, comme pour me protéger, et mon fils aîné ne m'a pas quitté d'une semelle, tellement il avait, je pense, peur que je m'écroule ! Ce fut une expérience très importante. J'avais besoin de faire ce chemin-là. Ce n'était pas très raisonné. J'en avais besoin sans savoir exactement pourquoi. Mais je ne soupçonnais pas, j'en ai pris la mesure là-bas, l'importance de la présence à mes côtés, à ce moment-là, dans ce lieu, de mon épouse et de trois de mes enfants.

Au cours de ce voyage, j'ai eu l'impression, malgré mon silence trop longtemps maintenu, malgré le seul bruit que faisaient mes sanglots que je n'arrivais pas à maîtriser, qu'ils avaient tout compris. Sans avoir besoin d'explications supplémentaires, une espèce de voile s'est déchiré entre eux et moi. J'étais soulagé, non pas de ce que je n'avais pas dit, mais de ce que je n'avais plus besoin de leur dire puisque, ce jour-là, ils ont vécu Auschwitz avec moi et avec les membres de leur famille à qui les SS avaient ôté la vie. Depuis ce moment-là, j'ai la curieuse impression d'avoir changé de statut : je ne suis plus le père de mes enfants mais je suis devenu, en quelque sorte, l'enfant de mes enfants, tellement ils me protègent, tellement ils me maternent et m'entourent avec bienveillance. Comme si, n'ayant plus rien à leur expliquer concernant Auschwitz, je n'avais plus rien à leur apprendre ! Étonnamment, j'ai cette même impression avec ma fille aînée qui, pourtant, n'était pas avec nous !

Avec tous les pèlerins, nous sommes entrés dans le hall principal qui sert de salle d'accueil. Il y avait trois vitrines, trois grandes vitrines : une pleine de cheveux, tout gris, ils ont vieilli tout seuls ; une vitrine pleine de chaussures ; une pleine de paires de lunettes... Et au fond de l'une d'elles, je ne sais plus laquelle, il y avait une poupée, une petite poupée en chiffon. J'ai alors pleuré deux fois plus fort... J'imaginais une petite fille entrant dans la chambre à gaz avec cette poupée serrée très fort contre elle, comme pour se protéger ou éviter que sa poupée ne souffre comme elle-même pressentait de souffrir ! C'était extrêmement fort.

Près de ces vitrines, je ne sais plus exactement où, une urne était posée par terre, une grande urne avec de la cendre. De la cendre recueillie dans les fours crématoires. Ma femme a alors sorti de son sac trois roses qu'elle avait apportées de Paris et les a plantées dans la cendre pour honorer la mémoire de mes parents et de ma petite sœur. Ce fut un moment d'une intensité inouïe et la seule fois où nous avons tous pleuré, ma femme, trois de mes enfants et moi. Nous avons pleuré sur ma famille. J'ai vécu avec eux un moment d'une telle intensité, d'une telle communion que, lorsque je l'évoque aujourd'hui, plus de dix ans après, comme nous le faisons maintenant, je ressens encore toute l'émotion de cette visite. Mais je ressens aussi qu'elle nous a permis de faire un grand pas, peut-être aussi de grandir un peu.

Pensez-vous que ce « pèlerinage » aurait été possible quelques années auparavant ?

Pour moi non... Sûrement pas... Il fallait que naisse le besoin d'affronter le passé, il fallait attendre que ma conscience me le réclame. Je devais d'abord parcourir seul, dans l'intimité de mon être, le chemin initiatique qui allait me permettre, des années plus tard, de retourner là-bas avec ma femme et mes enfants. Ce fut, comme je vous l'ai expliqué, très long, oh oui ! très long, le temps d'accepter ce qui fut, le temps de le sortir de l'ombre dans laquelle je le cachais, le temps de le découvrir après l'avoir mis en sommeil et de pouvoir le regarder sans trop souffrir.

Ce retour était très éprouvant... j'ai pleuré tout l'après-midi. Tout l'après-midi sans pouvoir me retenir. J'ai pleuré sans aucune honte car c'était le petit garçon de seize ans qui renaissait alors et pleurait à travers moi alors qu'il n'avait jamais pleuré, lorsqu'il était seul, là-bas. Je ne pouvais pas m'arrêter de pleurer. Avais-je envie d'ailleurs de cesser de pleurer ? N'attendais-je pas ces pleurs depuis cinquante ans ? Ces pleurs refoulés, enfouis au fond de mon cœur ?

Quand je suis arrivé sur la rampe d'Auschwitz-Birkenau, qui n'était pas celle le long de laquelle mon convoi s'était arrêté, je ne reconnaissais rien si ce n'est le symbole de la gare que tout le monde connaît bien et que je n'avais pas aperçue en 1943. Mais je reconnaissais quelque chose, c'était une odeur, indéfinissable et si présente en ma mémoire. Nous étions au mois de mars alors que j'étais arrivé en décembre, le climat n'était pas le même, bien qu'il fît assez froid. Pourtant j'ai retrouvé cette odeur, indescriptible. La mémoire la plus fidèle étant, dit-on, celle de l'odorat, la mort a-t-elle une odeur spécifique puisque, entre les deux quais, l'ancien sur lequel j'avais été parqué en 1943, regardant pour la dernière fois mes parents et ma petite sœur, et le nouveau sur lequel j'étais en 1995, la mort était le seul point commun ? Oui, ce fut une expérience particulièrement difficile mais bénéfique.

Il me semblait que j'étais enfin arrivé au terme d'un long voyage avec moi-même, voyage au cours duquel, durant des années, tout en me cherchant, je redoutais de me trouver. Dès mon retour à Paris, le soir même, j'ai ressenti un soulagement énorme, comme si j'étais enfin délesté du poids insupportable du silence.

Après ce voyage, je n'ai pas eu besoin ou envie de dire quoi que ce soit à mes enfants. Ils avaient tout compris.

Ont-ils de leur côté éprouvé le besoin, après ce voyage, d'en savoir un petit peu plus ? Ont-ils reparlé de ce voyage avec vous ou évoqué votre passé ?

Directement non. Ils ne m'ont jamais posé de questions. Jamais. En revanche, lorsque je fais des conférences publiques, il n'est pas rare qu'un de mes enfants y assiste, voire plusieurs ensemble. J'ai pu, je crois, leur transmettre une partie de cette mémoire sans utiliser de mots. Le verbe n'est pas toujours indispensable. Sans que j'aie eu besoin d'employer les mots qu'il m'était difficile de prononcer, ils ont tout compris ce jour-là. Ils sont alors devenus des passeurs de mémoire, des héritiers d'un patrimoine appartenant à l'humanité, puisque tous les actes de barbarie font partie intégrante de ce patrimoine.

À titre de témoin qui avez connu Auschwitz, qu'avez-vous pensé de ce que vous avez découvert le jour de cette visite ? Votre regard a-t-il été gagné immédiatement par l'émotion ou vous êtes-vous arrêté à la présentation, à la disposition des lieux ?

J'avais deux sentiments mêlés. Une intense émotion, bien sûr, mes pleurs en témoignaient, et le sentiment pénible d'une espèce de théâtralité du passé. Tout ce qui s'était passé là me semblait mis en scène. J'ai eu l'impression d'être entré dans le Temple où se côtoyaient spiritualistes et marchands. Une sorte de marché de la souffrance.

Je n'ignore pas l'importance d'une sorte de mise en scène pour frapper la conscience humaine. Je sais aussi qu'il faut expliquer aux pèlerins comment les choses se passaient réellement pour qu'ils comprennent et deviennent à leur tour des passeurs de mémoire, mais moi qui savais tout cela, entendre raconter par un guide, d'une voix monocorde et froide, un texte appris par cœur me mettait mal à l'aise.

Ces lieux devraient être des lieux de silence car seul le silence mérite d'être entendu par les visiteurs. Malheureusement, ce n'est pas ce que j'ai perçu et cela m'a été pénible. Mais je suis un être plein de contradictions : je vous dis cela et je vais dans les écoles pour expliquer ce qui fut !

Auschwitz n'est pas une ville morte. Tous les morts sont présents, ils sont tous là. Et parce que ce n'est pas une ville morte, Auschwitz demande que les pèlerins entendent ce silence tellement habité de souffrance.

La présentation des lieux vous a-t-elle paru gênante ?

Non. En dehors de la première salle dans laquelle nous entrons et où n'existaient évidemment ni les vitrines ni l'urne pleine de cendre dont je vous ai parlé, je crois qu'ils ont laissé Auschwitz I, qui était auparavant une caserne pour les militaires polonais, dans l'état où ils l'ont trouvé.

Avant d'entrer dans le camp, nous avons longé des fils de fer barbelés autrefois électrifiés, et j'ai vu une très grande croix, noire, chrétienne. Cela m'a terriblement blessé : c'était comme si certains s'appropriaient les lieux. Si j'avais vu une grande étoile de David, j'aurais été tout autant blessé. Mes parents et de très nombreux juifs ont été assassinés là-bas alors qu'ils n'étaient pas religieux. Je ne suis pas contre les expressions religieuses, chacun est libre de son choix, de croire ou de ne point croire, mais elles n'ont pas à s'exprimer là-bas. Ce n'est pas uniquement du fait de leur religion, c'est-à-dire de leurs convictions spirituelles que les juifs étaient massacrés, mais simplement du fait de leur naissance ! Auschwitz qui devrait être un lieu de silence où l'on ne devrait entendre que les pierres et le vent nous murmurer les souffrances endurées, devrait être également un lieu où la religion s'efface. Il y avait là-bas des juifs convertis à une autre religion et déportés comme les autres, car, pour ne pas l'être, dans l'idéologie nazie, il fallait être aryen depuis trois ou quatre générations, je ne sais plus très bien, c'était tellement idiot !

Trouvez-vous que la visite d'Auschwitz soit une visite utile et recommandable pour des jeunes Français, élèves dans un collège ou dans un lycée ?

Oui, si les enfants sont préparés. Des professeurs m'ont souvent dit avoir remarqué une attention et une émotion plus fortes chez leurs élèves quand ils faisaient un pèlerinage à Auschwitz ou dans d'autres camps, comme le Struthof, en Alsace, si ce voyage avait lieu après l'intervention d'un témoin.

Chaque visite devrait se faire en nombre limité et les enfants accompagnés, non seulement par les guides locaux, pour l'explication de l'indicible, mais surtout par leurs professeurs d'histoire. J'insiste beaucoup sur l'importance des connaissances historiques précises sur le génocide des juifs, préalable indispensable à une visite. Il faut montrer les spécificités de ce génocide unique dans l'histoire de l'humanité. Qu'on leur parle aussi du massacre des Tziganes qu'il ne faut pas oublier dans le décompte des martyrs. Qu'on inscrive aussi cette mémoire au sein d'une réflexion plus générale sur la barbarie humaine.

Au cours d'une conférence donnée en avril 2005, Simone Veil disait qu'elle trouvait les jeunes générations plus sensibles à la mémoire de la Shoah que les générations de l'après-guerre. C'est d'une certaine façon un message optimiste puisqu'une véritable conscience de l'horreur et de l'unicité de ce drame a progressé dans la conscience collective.

Avez-vous aussi l'impression que les jeunes générations réfléchissent à cette histoire et s'interrogent peut-être davantage qu'auparavant ?

Je suis d'accord avec Simone Veil : il y a un changement très profond entre la génération actuelle et celle de l'immédiat après-guerre.

D'abord les jeunes sont, aujourd'hui, très avertis de ce qui se passe autour d'eux et souvent très curieux du monde dans lequel ils vivent. La télévision et les radios les tiennent informés, parfois en boucle, de tous les événements importants. Ils sont sans doute plus sensibles que les générations antérieures à leur environnement historique. Celles-ci étaient davantage sous le coup de l'émotion. Maintenant, ils cherchent sans doute plus d'explications à ce qu'ils ne comprennent pas.

J'ai aussi l'impression que la civilisation mûrit. Même si les jeunes restent jeunes, ils sont souvent très matures aujourd'hui et intéressés par des questions difficiles.

Est-ce que cet intérêt va perdurer ? La disparition des témoins va-t-elle entraîner peu à peu un désintérêt général ? Auschwitz deviendra-t-il un jour un site de promenade avec des allées fleuries ? Cette histoire incroyable, qui sort de l'humain, ne sortira-t-elle pas alors de l'histoire ? Je ne sais pas, mais il est bon d'espérer et de poursuivre cet enseignement pour œuvrer à l'amélioration des hommes.

Bien sûr, lorsque j'évoque les jeunes, je ne parle évidemment pas de la totalité de la jeunesse. Ce qui s'est passé lors de la Shoah laisse certains d'entre eux complètement indifférents, parfois même ils me montrent de façon ostensible leur désintérêt pour ce que je leur explique ! Mais de temps en temps, j'ai l'heureuse surprise de voir que certains de ceux-là viennent ensuite me serrer la main, me félicitant et m'encourageant même à persister dans mon travail de mémoire ! Comme quoi, il ne faut jamais désespérer de cette jeunesse ! L'indifférence est parfois une façade !

Je voudrais aborder un sujet difficile mais important. Celui du pardon. D'abord, on pourrait distinguer deux formes de pardon : le pardon officiel et public qu'on qualifie aujourd'hui de « repentance » en français. En 1997, le mot « repentance » est entré dans l'usage, à propos de la déclaration de repentance des évêques français au sujet de l'attitude de l'Église face à la persécution des juifs de France. On pourrait réserver le mot de pardon à la démarche privée, individuelle que fait une victime.

Les actes de repentance qui se sont multipliés depuis 1970 ont-ils selon vous une importance pour les rescapés ? Sont-ils nécessaires ?

Je ne sais pas mais, pour moi, ils n'ont pas grande importance. J'ai même le sentiment que les actes de repentance ne me concernent pas directement.

En y réfléchissant, en revanche, je les trouve sans doute utiles. Ces actes peuvent, peut-être, avoir une influence sur certains esprits tentés de reprendre la même idéologie, les mêmes pensées ou de réitérer de telles actions violentes. Il n'est pas non plus mauvais, pour certains, de se rendre compte que leurs églises, au sens large du terme, religieuses ou politiques, n'ont pas toujours eu, au cours de leur histoire relativement récente, des prises de position en accord avec leur éthique. Si les actes de repentance n'aboutissaient qu'à cela, enlever leurs certitudes à ceux qui en sont pétris, ce serait déjà pas mal.

Quand on lit les témoignages des survivants, on y perçoit toutes sortes de sentiments très différents à l'égard des bourreaux. Certains affichent un désir de vengeance, certains manifestent un désir de justice, d'autres ne veulent plus penser aux bourreaux. Pour beaucoup, les crimes commis et les douleurs infligées aux victimes et aux familles des victimes sont « impardonnables ». Quel est votre sentiment aujourd'hui sur cette question délicate ? Y a-t-il selon vous des actes impardonnables ?

Je vais emprunter à Derrida sa réflexion et la ferai mienne... Si l'on ne devait pardonner que le pardonnable, on n'aurait aucun mérite, on serait même dans une espèce de transaction qui n'a rien à voir avec le véritable pardon. Oui, il y a des actes impardonnables et ce sont justement ceux-là qui méritent d'être pardonnés...

Il faut se garder aussi de tout mélanger, la vengeance, le pardon, la justice, la clémence, que sais-je encore. Lorsqu'on lit les auteurs, qu'ils soient rescapés ou simplement penseurs, au sens philosophique, j'ai souvent l'impression d'une extrême confusion.

Selon Derrida, philosophe dont je me sens très proche, il est possible de pardonner des actes impardonnables et de poursuivre néanmoins le bourreau en justice pour les actes qu'il a commis. Le pardon n'implique pas forcément la clémence qui, elle, est d'une autre nature.

Avez-vous évolué sur ce point ? Auriez-vous eu la même réflexion sur le pardon après la guerre ou dans les années qui ont suivi cette guerre ?

Je ne sais pas très bien. Je ne me posais pas la question. Je vous ai déjà raconté, je crois, ma première confrontation, à Prague, avec la violence exercée par un gardien tchécoslovaque à l'encontre de prisonniers allemands, quelques jours avant mon retour en France. Je suis longtemps resté avec ces images insupportables d'une violence et d'une vengeance qui ne me concernaient pas. Je me suis senti coupable ce jour-là car le gardien, en battant ces prisonniers, me regardait comme si je lui en avais donné l'ordre. Je me suis senti alors plus coupable que vengeur et haineux devant ces pauvres types qui souffraient et recevaient des coups de ceinturon.

J'ai toujours éprouvé du dégoût et un rejet total de cette forme de violence, de toute forme de violence d'ailleurs. Ce jour-là, j'ai éprouvé un irrépressible sentiment de rejet, même si cette violence se retournait contre ceux qui, symboliquement, m'avaient fait souffrir.

Telle fut ma première réaction. Je n'ai jamais éprouvé le besoin de me venger, je n'ai jamais ressenti de haine à l'égard des bourreaux que je pouvais découvrir parfois, par le biais des actualités.

Mes réflexions d'aujourd'hui sont-elles le fruit d'une lente maturation ? Peut-être. Mais, dès cette époque, alors que j'étais encore très faible, alors que je sortais à peine des griffes des SS, alors que je vivais intensément l'assassinat de mes parents et de ma petite sœur, je rejetais toute idée de vengeance et toute forme de cruauté. Je n'avais pas le désir, plus ou moins enfoui ou avoué, de faire souffrir physiquement les coupables. Non, je n'ai ressenti aucun soulagement à voir souffrir ces soldats allemands fouettés à Prague, bien au contraire.

Que pensez-vous alors de ceux qui revendiquent ou qui expriment, en tant que victimes ou familiers des victimes, cette haine ? J'ai le souvenir d'une interview donnée par Claude Lanzmann, le réalisateur de Shoah, *dans laquelle il évoquait sa « haine » de Suchomel au moment où il filmait ce bourreau de Treblinka. Pouvez-vous comprendre ce sentiment ? Cette pulsion incontrôlable face à un criminel qui raconte froidement, avec une espèce d'autosatisfaction presque cynique, son activité zélée et appliquée de tueur ?*

C'est, il est vrai, très complexe ; comment décrire la réaction que j'aurais eue puisque je ne me suis jamais trouvé dans des circonstances semblables à celles vécues par Lanzmann ? Quelle aurait été ma réaction ? Je ne sais pas, mais si j'avais ressenti de la haine, j'aurais été très déçu et affligé. Nous avons tous en nous, sans doute, des pulsions agressives tapies au fond de notre cœur, cherchant le moindre prétexte, même justifié apparemment, pour renaître au grand jour. Nous ne sommes pas qu'amour, c'est malheureusement très clair, mais lorsqu'on a eu le malheur de vivre dans l'enfer, il faudrait que cette expérience génère une connaissance de la vie et des hommes qui soit un enseignement enrichissant pour soi et les autres.

Ma réaction première serait de plaindre, plutôt que blâmer, ceux qui sont restés dans ce sentiment de haine. Non, je ne les blâme pas car leur souffrance perdure, étouffe leur vie et les freine dans leur possibilité de revenir à une existence ordinaire. Constater cela, c'est terrible ! Mais sommes-nous tous égaux devant ces pulsions de haine ? Pourrons-nous un jour maîtriser ce sentiment qui peut surgir en chacun de nous ? Je ne sais pas.

Dans ma propre histoire, je peux affirmer ne pas connaître ce sentiment de haine. Pas simplement vis-à-vis des bourreaux que j'ai connus là-bas. On ne traverse pas quatre-vingts ans de vie sans être confronté à des gens qui vous font du mal, parfois dans sa propre famille, mais je n'ai pas de haine envers eux.

Peut-être que si on ne laisse pas s'exprimer ses pulsions agressives, elles peuvent se retourner contre soi ou contre sa famille. J'ai connu d'anciens déportés qui rejettent leurs propres enfants avec une véritable agressivité. Peut-être certains reproduisent-ils, vis-à-vis de leurs enfants, le schéma qu'ils ont vécu eux-mêmes, à leur âge.

Le pardon, quant à lui, est, à mon avis, un sentiment purement et intimement personnel. Il est difficile d'en faire la publicité ou de le rendre public. Il est solitaire. Le pardon, tel que je le ressens, ce n'est pas donner sa bénédiction aux criminels, c'est être en paix avec soi-même, c'est ne pas être habité par la haine, c'est ignorer la vengeance. Il me semble donc difficile de défendre une position générale. Par ailleurs, je tiens à bien insister : je respecte totalement ceux qui sont dans l'incapacité de donner leur pardon.

J'ai noté deux réflexions de rescapés des camps que je voulais vous lire. Elles abordent le sujet du pardon sous un angle commun : l'impardonnable ou le refus de pardonner.

Ruth Klüger écrit dans **Refus de témoigner** *: « Une injustice n'est pas réparée par les états d'âme de ceux qui en ont été les victimes. Je m'en suis tirée ; la vie sauve, c'est beaucoup, mais je n'en suis pas sortie avec un sac plein de certificats d'acquittement que les fantômes m'auraient remis pour que je les distribue à ma guise. »*

Joseph Bialot, que nous avons déjà évoqué, écrit quant à lui : « Je déteste le fameux "Pardonne, n'oublie pas", cette naïveté de boy-scout, cette pseudo-générosité qui fait mal aux oreilles, inventée par certains. Pour pardonner, il faut d'abord oublier. Or chaque nuit, sans exception, les anciens du Lager *y retournent. Pardonner quoi ? Pardonner la mort des enfants ? Des vieux ? Des femmes ? De ceux qui pensaient et de ceux qui créaient ? [...] À impossible oubli, impossible amnistie ! »*

Qu'auriez-vous envie de dire à ces témoins si vous les aviez en face de vous ?

Je respecte la position de Ruth Klüger face au pardon, mais pourquoi se permet-elle d'écrire avec tant de force que les états d'âme des victimes, comme elle dit, ne peuvent réparer les injustices commises ?

Je refuse la « victimisation » mais je pense que ma position, loin d'être déplacée, est au contraire la preuve qu'en ce qui me concerne, le bourreau a perdu. Lorsqu'elle compare le pardon à des « certificats d'acquittement que les fantômes lui auraient alors remis pour qu'elle les distribue à sa guise », comme on distribue des satisfactions, elle confond, me semble-t-il, le pardon avec la clémence. En reprenant Derrida, je pense que l'on peut pardonner et poursuivre en justice les bourreaux pour les actes qu'ils ont commis. Ne pas les poursuivre en justice serait justement un acte de clémence et non de pardon.

Quant à Joseph Bialot, il ne confond pas le pardon avec la clémence, mais avec l'oubli. Je ne suis pas d'accord avec son affirmation : il faut d'abord oublier avant de pouvoir pardonner. Comme l'oubli est impossible, le pardon le devient aussi *de facto*. Pourquoi associer ces deux notions, tellement différentes ? En poussant cette affirmation jusqu'à l'absurde, je serais tenté de dire, pour rester dans la pensée de Bialot, que, puisqu'il faut oublier avant de pouvoir pardonner, lorsque arrive le moment de pardonner, on n'en connaît plus la raison puisqu'on a tout oublié ! L'esprit qui demeure dans le ressentiment douloureux est toujours occupé par le bourreau.

Mais ne faut-il pas du temps et un véritable travail de mémoire et de deuil avant de parvenir à ce pardon absolu ? Le philosophe Jankélévitch considérait, dans les années 1960, que le pardon avait été « hâtif » après la guerre et qu'il s'expliquait par une certaine occultation des crimes. Il avait l'impression que le génocide des juifs était refoulé de la conscience collective, que les bourreaux étaient rapi-

dement revenus à une vie confortable dans une Allemagne prospère, que les anciens collaborateurs français, amnistiés pour beaucoup en 1951, avaient regagné à peu de frais une virginité.

Jankélévitch condamne donc un faux pardon : celui qui résulte simplement de l'oubli, qu'il interprète aussi comme un signe d'indifférence à l'égard des victimes dans les années d'après-guerre. Il affirme que les « crimes contre l'humanité » sont impardonnables et que « le pardon est mort dans les camps de concentration »...

La réaction de certains témoins ou d'un philosophe comme Jankélévitch ne s'explique-t-elle pas par une indignation légitime historiquement ? Le « devoir de mémoire » à l'égard des victimes n'est-il pas un préalable nécessaire au pardon et à la réconciliation ?

Vous avez raison, il faut replacer cela dans le contexte, dans le déroulement de l'histoire. Mais malgré cette « mise en situation historique », je ne suis pas tout à fait d'accord avec le raisonnement de

Jankélévitch. Je crois que là aussi il y a une confusion. Nous venons d'en parler au sujet des auteurs que vous avez cités : il y a d'une part le pardon, d'autre part la justice ; il y a la justice et d'autre part la clémence. Il s'agit de notions totalement différentes. Oui, la justice doit punir les criminels d'abord parce qu'ils le méritent, ensuite pour l'exemplarité, afin de dissuader de futurs imitateurs, bien que dans ce domaine je ne me fasse pas trop d'illusions. Le passage de la justice est nécessaire. En revanche, le passage des justiciers me paraît toujours douteux.

Le fait d'amnistier les gens est-il un acte d'oubli ? L'amnistie à mon sens n'implique pas l'oubli.

Par ailleurs, un groupe ne peut pas pardonner car le pardon est un acte individuel. Imprescriptible et impardonnable sont également deux notions différentes ; la première est collective alors que la deuxième est personnelle. Certes, dès notre retour et jusqu'à une époque relativement récente, la mémoire collective occultait tous ces événements. Dans les années 1950, époque où Jankélévitch s'indigne, personne ne voulait en entendre parler et ce silence imposé était sans doute inacceptable. Il suffit de repenser au fiasco du livre de Primo Levi quand il est sorti, en 1947, alors qu'il est devenu un best-seller vendu à des millions d'exemplaires quelques années plus tard !

Je dirais donc que le pardon est possible quand la mémoire et la justice sont aussi possibles. Il n'implique ni oubli ni absence de justice.

Jankélévitch ajoute deux arguments pour expliquer cette notion d'« impardonnable ».

Pour lui, le pardon est un rapport personnel entre l'offensé et l'offenseur, un don gratuit. Si la victime est absente, le crime demeure impardonnable car il ne peut pas être pardonné par un autre être humain. « C'est aux victimes à pardonner. En quoi les survivants ont-ils qualité à pardonner à la place des victimes ou au nom des rescapés, de leurs parents, de leur famille ? Non, ce n'est pas à nous de pardonner pour les petits enfants que les brutes s'amusaient à supplicier. Il faudrait que les petits enfants pardonnent eux-mêmes. » Cette réflexion se retrouve chez plusieurs survivants et témoins des camps d'extermination : on ne peut accorder de pardon par procuration.

Le deuxième argument qu'il avance est, lui aussi, assez courant chez les rescapés. Il explique que le pardon suppose un repentir de la part du bourreau. Il est difficile d'accorder le pardon à quelqu'un qui manifesterait une indifférence ou une bonne conscience absolue, une absence totale de repentir... Les mots de Jankélévitch sont très clairs là aussi : « Il faudrait, pour prétendre au pardon, s'avouer coupable, sans réserves ni circonstances atténuantes [...]. Pourquoi pardonnerions-nous à ceux qui regrettent si peu et si rarement leurs forfaits ? »

Il est difficile, semble donc dire Jankélévitch, de pardonner à la place d'une victime. Il est difficile de pardonner à quelqu'un qui est resté un bourreau.

Jankélévitch pense que seules les victimes pourraient pardonner ; que les hommes ne peuvent pas pardonner au nom des martyrs. Mais ne peut-on pas s'identifier à ces victimes ? L'assassinat de mon père, de ma mère, de ma petite sœur n'est-il pas aussi mon propre assassinat ? Avoir vécu cela ne me permet-il pas de m'identifier facilement à la victime ?

Quand Lanzmann dit par exemple que devant le bourreau il éprouve un sentiment de haine, il s'identifie aux victimes et se met à leur place. Ce n'est pas lui qui a été directement confronté à Suchomel ! S'il s'identifie facilement aux victimes, pourquoi ne pas comprendre que d'autres puissent le faire également, non pour exercer la vengeance, mais pour accorder le pardon ? Pourquoi accepter intellectuellement comme possible l'identification aux victimes seulement dans un sens, celui de la vengeance, et refuser cette même identification lorsqu'il s'agit de pardon ? Notre esprit nous permet de nous identifier, d'éprouver une empathie pour les victimes.

Pour la deuxième proposition de Jankélévitch : je préfère rejoindre Derrida sur ce point. Si le bourreau demande qu'on lui accorde le pardon et se repent du mal qu'il a commis, on n'a plus affaire au même homme : ce n'est plus le barbare, il est devenu un autre, un autre qui a pris conscience du mal. Si vous ne pardonnez qu'à ceux qui se repentent en demandant pardon, vous ne pardonnez plus au bourreau. Le bourreau n'existe plus et votre pardon n'a alors aucune valeur.

Il est difficile de considérer qu'un bourreau qui fait un aveu ou témoigne d'un repentir est radicalement différent du criminel qu'il a été.

Ce n'est pas le repentir qui rend l'individu différent de ce qu'il fut, mais c'est le fait qu'il soit devenu différent qui peut générer le repentir. Je n'évoque pas ici, bien sûr, la seule parole de repentir, celle que l'on claironne pour se dédouaner des actes que l'on a commis, mais la conscience intime de repentance.

Comme nous l'avons déjà évoqué, il faut punir ceux qui ont commis des actes de barbarie même après leur repentir, mais on peut les punir tout en leur accordant notre pardon, c'est-à-dire les punir sans haine, sans esprit de revanche et surtout sans que la vengeance guide notre jugement. Le pardon n'est pas conditionné au jugement. Il est indépendant de la culpabilité et du repentir du bourreau. Arrivé à un certain degré de maturation, la victime n'a même que faire du bourreau. Selon moi, le véritable pardon est un acte personnel, un acte de soi à soi, un cadeau que l'on se fait à soi-même. J'irais volontiers plus loin en pensant que le pardon doit rester discret et presque silencieux. Il ne doit pas être claironné.

On devrait peut-être trouver un néologisme pour désigner le pardon qui ne serait pas conditionné au cadre strict de la confrontation entre une victime et un bourreau, cadre indispensable pour Jankélévitch, mais qui suppose aussi une certaine passion. Quand le pardon devient inconditionnel et dépassionné, l'acte est différent et cette différence devrait sûrement s'inscrire aussi dans le langage... Il faudrait sans doute inventer un autre mot pour ce pardon sans conditions !

On peut avoir l'impression, en lisant certains témoignages de survivants, que l'expérience de la Shoah engendre une conception radicalement pessimiste et tragique de la condition humaine. J'ai l'impression, en vous écoutant, que vous défendez une position que je qualifierais... d'humaniste « malgré tout ». Humaniste et optimiste même. Est-ce que ce mot d'humanisme a un sens particulier pour vous et l'acceptez-vous ?

Oui, je revendique cet humanisme dans la mesure où l'on définit bien sûr ce qu'on entend par « humanisme ». J'entends par humanisme le respect de la dignité de l'homme quel qu'il soit, quelles que soient sa condition et sa situation. Il faut aussi envisager l'homme dans son contexte puisqu'il est en relation étroite avec tout ce qui l'entoure, le règne animal, le règne végétal, l'univers de la nature. C'est fondamental. Les hommes ne sont pas indépendants des arbres qui poussent autour d'eux. L'homme doit être replacé au sein de la nature et demeurer en accord avec elle. Peut-on aimer l'être humain et se désintéresser du milieu dans lequel il vit, milieu qui peut disparaître si nous n'y prenons garde ?

Le monde moderne, tel que vous le voyez se développer actuellement, vous semble-t-il plus respectueux de la nature et des êtres humains que par le passé ? Y a-t-il selon vous un effort d'humanisation, un progrès de l'humanisme ou au contraire une « crise de l'humanisme » ?

Les deux coexistent ! Les êtres humains ne semblent pas avoir conscience des risques qu'ils font encourir à l'humanité en ne respectant pas la nature. Ils ont perdu, d'une certaine façon, le sens et la mesure de l'humain, de ce qui est bénéfique pour l'homme. Par ailleurs et en même temps, il y a une prise de conscience qui n'existait pas auparavant.

Certains, et non des moindres, se rendent compte que la vie ne pourra pas être conservée sans un effort particulier pour préserver la nature. D'un côté, une majorité d'hommes, malheureusement, ne pense qu'au profit, au pouvoir, à la réussite économique et matérielle, à une vie égocentrique. Mais d'un autre côté, on prend conscience, à tous les niveaux, qu'il faut préserver la vie, la survie de nos petits-enfants. C'est contradictoire et complexe.

Avez-vous l'impression que la dignité humaine, qui sert de fondement à votre définition de l'humanisme, est davantage respectée aujourd'hui que par le passé ?

Malheureusement, je suis obligé de constater que la situation n'est pas brillante et s'aggrave même sous certains cieux. Le réveil des totalitarismes, le réveil des communautarismes, le réveil des fanatismes politiques ou religieux, les prises de position radicales me donnent l'impression que l'humanité ne va pas dans ce sens-là actuellement. Même s'il y a de plus en plus d'œuvres caritatives et d'engagements humanitaires pour aider ceux qui souffrent au loin, j'ai malheureusement l'impression que les décideurs, eux, vont souvent dans un sens complètement opposé.

Vous faites donc un constat plutôt pessimiste et inquiétant...

Pessimiste oui, inquiétant sûrement, mais je laisse une part à l'espérance car je crois que l'homme se réveillera un jour.

Et qu'est-ce qui peut selon vous rendre l'homme plus humain, plus respectueux de la dignité des autres ? Vaste question évidemment !

Il ne faut pas se lasser et continuer à travailler à la sauvegarde de ce monde.

Les hommes ont un destin commun, celui de « vivre ensemble » qui passe par la sauvegarde de la planète Terre. Si cet impératif n'est pas respecté profondément et si les décideurs n'ont pas conscience d'une certaine fragilité du monde, celui-ci va mourir. Il n'est pas éternel. J'ai l'espoir que cela s'arrangera sous peu. Si je fais un constat pessimiste sur l'état du monde, je ne le fais pas sur l'homme en général car ce dernier a des ressources exceptionnelles.

Je vais prendre un exemple qui montre tout de même une prise de conscience. Si on m'avait dit, il y a vingt ans, que nous aurions des poubelles de couleurs différentes pour trier nos déchets, j'aurais rigolé. J'aurais pensé que c'était impossible et que l'homme ne s'y plierait jamais. Eh bien regardez aujourd'hui : en quelques années, c'est devenu banal et assez habituel. Cela démontre une prise de conscience importante des enjeux écologiques. Les organismes internationaux doivent donner des impulsions et des directives à titre mondial dans ce domaine.

Il faut se considérer comme un « citoyen du monde », aujourd'hui plus que jamais peut-être. Les frontières et les États me semblent aberrants, dérisoires et égoïstes. Il me semble que nous devrions aller vers un gouvernement mondial qui dépasserait les intérêts nationaux pour considérer que chacun est un « citoyen du monde ».

Croyez-vous qu'il y ait un devoir de solidarité universel dans un monde qui peut sembler évoluer en sens inverse parfois ?

Bien sûr. C'est fondamental. Tant que les hommes ne prendront pas conscience que l'autre homme situé à l'autre bout de la terre est un frère, il y aura des problèmes. Il y a eu une expérience faite, il y a quelques années, aux États-Unis, que j'aimerais vous citer. On offrait un million de dollars à quelqu'un pour qu'il tue sa mère. La réponse était négative. On offrait la même somme pour tuer un frère. Même réponse. Puis on proposait la même somme pour tuer le voisin. Refus ! Puis quelqu'un du quartier. Toujours le même refus. On s'éloignait ainsi jusqu'à proposer de se débarrasser sans conséquence d'un petit Chinois à l'autre bout du monde. Et il y a eu un moment de réflexion, d'hésitation avant le même refus. C'est ce moment d'hésitation-là contre lequel il faut lutter. L'humanisme actif doit lutter contre cette hésitation-là, qui est petite, certes, mais qui fait toute la différence. C'est tout son sens. Le jour où l'hésitation aura disparu, la partie sera gagnée.

*On pourrait aussi envisager des réponses plus inquiétantes ! Je repense au livre de l'historien Christopher Browning (*Des hommes ordinaires*) dans lequel il étudie les témoignages d'un bataillon de réserve de la police allemande. Pendant plusieurs mois, ce bataillon va éliminer des dizaines de milliers de juifs. Ces soldats de réserve sont des hommes tout à fait ordinaires, pas des nazis fanatiques et monstrueux,* *des hommes qui ont des enfants, une vie professionnelle et qui, par obéissance, respect de leur hiérarchie et « esprit grégaire », vont devenir des tueurs. Très peu parmi ces soldats ont refusé la mission ou ont tenté de s'y soustraire selon l'historien américain. Nous sommes ici aux antipodes de l'humanisme et d'une quelconque identification possible d'homme à homme.*

Romain Gary écrivait : « Les nazis étaient humains. Et ce qu'il y avait d'humain en eux c'était leur inhumanité. » Cette inhumanité incontrôlable par la raison humaine n'est-elle pas définitivement problématique pour l'espérance humaniste ?

Que quelques hommes seulement refusent de massacrer des juifs dans ce bataillon ne m'étonne pas du tout. Ce qui tue souvent la conscience morale d'un individu, c'est le groupe. Pour éviter de se désolidariser des autres, pour ne pas être montré du doigt, l'homme est parfois capable d'accepter n'importe quoi. Je crois aussi que les bourreaux sont des hommes « ordinaires » pour reprendre le titre de Browning. Mais l'humanité peut progresser, elle n'en est qu'à ses débuts.

À Oradour-sur-Glane, quand les SS de la division Das Reich ont enfermé dans l'église plusieurs centaines de civils et que le chef a ordonné d'y mettre le feu au lance-flammes, qui est le plus responsable ? Est-ce celui qui met le feu ou celui qui donne l'ordre par fanatisme ? Je crois pour ma part que les plus responsables sont ceux qui, calmement, sans passion, ont mis le feu à l'église parce qu'ils obéissaient aveuglément, sans sentiment de culpabilité sûrement. Ceux-là auraient pu refuser de le faire puisqu'ils n'agissaient que pour obéir aux ordres. Certes le groupe est dangereux, il peut être animé par des chefs douteux, mais l'individu qui, au sein du groupe, oublie qu'il est un homme est plus dangereux encore.

On pourrait aussi faire une lecture plus optimiste et dire que ceux qui ont refusé d'accomplir les ordres ont fait preuve d'un courage extraordinaire et d'une conscience exceptionnelle dans un contexte de guerre tellement particulier et destructeur !

On pourrait aussi définir l'humanisme de façon plus « défensive ». Il faut fixer des bornes à l'injustifiable, à l'abominable et définir alors un « intolérable » commun à tous les hommes, une sorte de noyau irréductible sur lequel on peut tenter de se mettre d'accord. L'humanisme consiste aussi à refuser un certain nombre d'actions ?

Essayons de trouver un noyau commun qui serait acceptable par tous et par toutes les cultures. Le respect de la dignité de l'autre me semble être le ciment indispensable d'une humanité enfin vivable. L'éducation comme prise de conscience de l'autre avec sa valeur et sa différence peut transformer les hommes. Son rôle est fondamental.

Quand je dis éducation, je ne veux pas seulement parler de l'école. Pour moi l'éducation, c'est avant tout celle des parents. Ils doivent être des exemples pour leurs enfants. L'éducation, c'est celle de tous les jours à laquelle participent les éducateurs par exemple. Mais pas exclusivement. Dans l'éducation, la part relationnelle avec l'autre doit être primordiale. Cette part relationnelle avec l'autre est poursuivie ensuite par la culture qui nous met en relation avec d'autres univers que le nôtre. Avec le cinéma, avec les livres. Tout ce qui éveille notre réflexion.

Je voulais revenir avec vous sur une notion dont vous m'avez parlé une fois : la perfectibilité. L'homme, selon Rousseau, peut, contrairement aux animaux qui vivent en dehors de l'histoire, évoluer moralement, envisager un monde meilleur et se projeter vers un idéal qui lui permet de s'améliorer. Cette conception optimiste d'une nature humaine susceptible d'évoluer positivement est remise en question par de nombreux penseurs : pour certains, l'histoire montre le caractère tout à fait *hypothétique et illusoire de cette perfectibilité morale de l'homme. Le XXe siècle, avec ses crimes sans précédent, en est alors le contre-exemple absolu. Selon vous, l'idée d'une perfectibilité de l'homme peut-elle être maintenue ? L'homme est-il capable de se perfectionner moralement et s'est-il déjà perfectionné moralement ?*

J'en suis totalement persuadé. Je continue à croire que l'homme est bien meilleur qu'il n'y paraît. Je repense par exemple à ces gens qui nous lançaient du pain malgré les tirs des soldats allemands. Je repense à ces actes de bonté gratuite. L'humain peut être formidable et développer une conscience quasi immédiate de solidarité avec un autre homme. L'être humain est une créature en devenir qui a déjà pas mal changé depuis son origine.

Bien sûr, les génocides qui ont continué et continuent après la Shoah viennent interroger notre confiance. Le temps est une notion très importante qui permet de relativiser tout constat radicalement pessimiste. L'essentiel est de croire en la perfectibilité de l'homme. Qu'est-ce que quelques décennies, un ou deux siècles dans l'histoire de l'humanité ? Pas grand-chose, un coup d'ailes d'un oiseau qui vous effleure... Cela ne doit pas engendrer un pessimisme radical qui oublie le temps et l'histoire longue.

Pour certains, je pense notamment à Imre Kertész, ce qui est surprenant, ce n'est pas le mal, c'est plutôt le bien et ce qu'il appelle le caractère « irrationnel » de ce bien : pour lui, il y a une banalité du mal et une rareté du bien...

Il raconte dans Kaddish pour un enfant qui ne naîtra pas *cette histoire de l'instituteur qui, après avoir recueilli le pain du narrateur déporté, le recherche pour le lui restituer. Il aurait pu, à moindres frais, le manger sans danger et le garder pour lui.*

Ce don gratuit, cette preuve absolue de bonté désintéressée, difficilement explicable, étonne le narrateur. L'exercice de cette bonté gratuite est un mystère pour l'écrivain hongrois. Et l'on peut poursuivre son constat : les Justes furent assez rares en France même s'ils existèrent bien.

Pour certains, comme Tzvetan Todorov, les Justes présentent un profil particulier : ce sont des réfractaires souvent, des « indociles », des marginaux parfois, rebelles à l'égard de la loi. Ce ne sont pas ceux qui présentent le plus de principes moraux qui vont s'engager pour sauver, au péril de leur vie, un étranger. D'après vous, qu'est-ce qui rend plus juste, plus humain ?

C'est une question très difficile. Oui, je crois que pour être un Juste, il fallait être un insoumis parce que les lois de l'époque étaient inacceptables. Mais le fait d'être insoumis à la loi ne suffit pas.

Je ne sais pas comment on devient un Juste. Je sais seulement que ce sont des gens simples le plus souvent, des gens qui ne sont pas pollués dans leur esprit par des convictions religieuses extrêmement fortes ou des positions politiques trop affirmées. Je me souviens toujours d'un ami qui fut caché pendant la guerre dans un village du Luberon. Tout le village l'a protégé. Des miliciens sont arrivés un jour et personne ne l'a dénoncé. Je crois que, contrairement aux protestants (au Chambon-sur-Lignon par exemple), il y a eu assez peu de catholiques traditionnels qui ont caché des juifs. Personnellement, je pense que l'absence de prise de position de leur chef, le pape, a joué un rôle déterminant. À titre individuel, certains catholiques ont pu cacher des juifs, certains couvents aussi, mais ce ne fut pas un engagement massif de solidarité avec les juifs. Si les prises de position du pape avaient été alors plus tranchées, je pense qu'il y aurait eu davantage d'engagement de la part des catholiques.

Comment devient-on un Juste ? En prenant conscience qu'on est un homme, tout simplement. Cette beauté merveilleuse de se sentir un homme. Être un homme, pas un héros.

Être un homme, est-ce alors éprouver un sentiment immédiat d'empathie pour celui qui souffre ? On retrouverait ainsi un penseur comme Rousseau pour qui la pitié est l'un des principes naturels de la conscience humaine. Pour lui, la culture nous fait parfois oublier ce sentiment : les savants ne développent pas forcément une conscience morale supérieure et chez beaucoup l'amour-propre et l'intérêt individuel remplacent la pitié... En tout cas, rappelle Rousseau, il n'y a pas de lien entre l'étendue de la culture et l'exercice d'une pitié désintéressée ou d'une empathie pour les autres...

Totalement ! Encore faut-il définir ce qu'est la culture. La culture ne peut séparer l'homme du reste du monde et des autres hommes. La culture inclut l'humanité de l'homme. Elle est différente d'une érudition qui accumulerait du savoir sans se soucier du destin des êtres humains et d'une amélioration de leur condition.

Je voulais vous proposer en conclusion une réflexion d'une psychanalyste contemporaine, Nathalie Zaltzman, qui a beaucoup réfléchi sur l'expérience des camps et la pulsion de mort. D'un côté, dit-elle, l'humanisme a des limites et notre raison est dans l'impossibilité de maîtriser définitivement les pulsions de mort et d'agressivité qui sont au cœur de l'humain. D'un autre côté, explique-t-elle, il faut faire confiance à cette culture et à cette raison qui sont nôtres, qui nous définissent aussi comme êtres humains parce que ce sont les seuls moyens dont nous disposions pour refréner cette pulsion destructrice en nous : « L'histoire a montré que la culture et la raison n'ont pas de pouvoir d'action directe sur la volonté de mort dans l'humain. Ce sont pourtant les seules instances qui lui tiennent tête, qui peuvent ne pas lui laisser le dernier mot. »

Je suis totalement d'accord avec ce constat. De toute façon, nous n'avons pas le choix. Ou bien on se suicide par pessimisme effréné, ou bien au contraire on accepte de vivre avec bonheur et on a confiance en la perfectibilité de l'homme.

C'est la signification que je donne à la connaissance, à la culture : ce travail de liaison avec l'autre, avec les autres êtres humains contre le mépris et la mort. C'est le pari humaniste.

Bibliographie des livres cités

Antelme (Robert), *L'Espèce humaine*, Gallimard, 1999.
Appelfeld (Aharon), *Tsili*, Le Seuil, 2004.
Appelfeld (Aharon), *Histoire d'une vie*, Éditions de l'Olivier, 2004.
Arendt (Hannah), *Condition de l'homme moderne*, Calmann-Lévy, 1994.
Arendt (Hannah), *Eichmann à Jérusalem*, Gallimard, 1997.
Bensoussan (Georges), *Auschwitz en héritage ? Du bon usage de la mémoire*, Mille et Une nuits, 2003.
Bialot (Joseph), *C'est en hiver que les jours rallongent*, Le Seuil, 2002.
Billet (Marie), *À l'ombre des Justes*, Elytis, 2007.

Borowski (Tadeusz), *Le Monde de pierre*, Christian Bourgois, 2002.

Browning (Chistopher), *Des hommes ordinaires*, Les Belles Lettres, 2005.

Camus (Albert), *Le Premier Homme*, Gallimard, 1994.

Delbo (Charlotte), *Auschwitz et après* (3 tomes), Éditions de Minuit, 1970, 1971.

Delbo (Charlotte), *La Mémoire et les Jours*, Berg International, 1991.

Derrida (Jacques), *Le Pardon*, Descartes et Cie, 2006.

Didi-Huberman (Georges), *Images malgré tout*, Éditions de Minuit, 2003.

Faye (Jean-Pierre) et Vilaine (Anne-Marie de), *La Déraison antisémite et son langage*, Actes Sud, 1993.

Gary (Romain), *Les Cerfs-volants*, Gallimard, 1983.

Gilbert (Martin), *Les Justes. Les héros méconnus de la Shoah*, Calmann-Lévy, 2004.

Hilberg (Raul), *Exécuteurs, victimes, témoins : la catastrophe juive, 1933-1945*, Gallimard, 2004.

Horkheimer (Max), *Notes critiques pour le temps présent*, Payot, 1993.
Jankélévitch (Vladimir), *L'Imprescriptible*, Le Seuil, 1996.
Kertész (Imre), *Être sans destin*, Actes Sud, 1998.
Kertész (Imre), *Kaddish pour un enfant qui ne naîtra pas*, Actes Sud, 1995.
Klarsfeld (Serge), *Vichy-Auschwitz. La « solution finale » et la question juive en France*, Fayard, 1983 et 1985.
Klüger (Ruth), *Refus de témoigner*, Viviane Hamy, 1997.
Lazare (Julien), *Le Livre des Justes*, Jean-Claude Lattès, 1993.
Levi (Primo), *Si c'est un homme*, Buchet-Chastel, 1961 (*Se questo è un uomo*, Da Silva, 1947).
Levi (Primo), *Les Naufragés et les Rescapés*, Gallimard, 1989.
Levi (Primo), *Conversations et entretiens*, Robert Laffont, 1998.
Moscovici (Jean-Claude), *Voyage à Pitchipoï*, L'École des loisirs, 1995.
Nissim (Gabriele), *Le Jardin des Justes*, Éditions Payot & Rivages, 2007.

Ricœur (Paul), *La Mémoire, l'histoire, l'oubli*, Le Seuil, 2000.

Rousseau (Jean-Jacques), *Discours sur l'origine et les fondements de l'inégalité parmi les hommes*, précédé du *Discours sur les sciences et les arts*, LGF, 1996.

Semprun (Jorge), *Le Grand Voyage*, Gallimard, 1991.

Semprun (Jorge), *L'Écriture ou la vie*, Gallimard, 1996.

Sereny (Gitta), *Au fond des ténèbres*, Denoël, 1975.

Stern (Mario Rigoni), *Le Poète secret*, La Fosse aux Ours, 2005.

Tillion (Germaine), *À la recherche du vrai et du juste*, Le Seuil, 2001.

Todorov (Tzvetan), *Mémoire du mal, tentation du bien*, Robert Laffont, 2000.

Todorov (Tzvetan), *Face à l'extrême*, Le Seuil, 1994.

Vernant (Jean-Pierre), « Histoire de la mémoire et mémoire historienne », dans *Œuvres. Religions, Rationalités, Politique*, Le Seuil, 2007, t. II.

Vidal-Naquet (Pierre), *Les Assassins de la mémoire*, Le Seuil, 1995.
Waintrater (Régine), *Sortir du génocide*, Payot, 2003.
Zaltzman (Nathalie), *De la guérison psychanalytique*, PUF, 1998.

Table

Avant-propos 11
  I. De Clermont à Drancy 17
  II. Auschwitz-Monowitz 67
  III. Marche de la mort, libération
     et retour en France 131
  IV. Témoigner 207
  V. Retour à Auschwitz,
    pardon et humanisme 263

Bibliographie des livres cités 319

Photocomposition Nord Compo
59650 Villeneuve-d'Ascq

Achevé d'imprimer par N.I.I.A.G.
en février 2009
pour le compte de France Loisirs, Paris

N° d'éditeur : 54415
Dépôt légal : février 2009

Imprimé en Italie